patric p. **kutscher**

stimmtraining – ...und plötzlich hört dir jeder zu

book@web

patric p. kutscher

stimmtraining – ...und plötzlich hört dir jeder zu

3. Auflage

GABAL

Die Deutsche Bibliothek – CIP-Einheitsaufnahme
Ein Titelsatz für diese Publikation ist bei der Deutschen Bibliothek erhältlich.
ISBN 978-3-89749-176-2

3. Auflage 2007

Projektmanagement:
Ute Flockenhaus, Fischerhude
Lektorat:
Babro Garenfeld, Greven
Art Direction, Design und Satz:
Koemmet Agentur für Werbung, Wuppertal
Druck und Bindung:
Salzland Druck, Staßfurt

Aktuelles und Nützliches für Beruf und Karriere finden Sie unter
www. gabal-verlag.de – More success for you!
www. gabal-shop.de

book@web – More success for you!

In der Reihe **book@web** erscheinen junge Karriereratgeber zu aktuellen Businessthemen mit eigener Internetanbindung.

Zu jedem **book@web**-Buch gibt es unter **www.book-at-web.de** einen kostenlosen Workshop, in dem Sie Ihr Wissen aktiv trainieren und sich mit anderen Teilnehmern austauschen können.

Ihr Kennwort für den book-at-web-Workshop lautet: **Resonanz**

b@w **Dieses Signet kennzeichnet auf den folgenden Buchseiten die Workshop-Themen im Internet.**

Sie haben auch an anderen **book@web**-Themen Interesse, aber keinen Zugang zum geschlossenen Bereich unserer Homepage? Kein Problem! Auch außerhalb der geschlossenen Sites gibt es für alle Interessenten viele nützliche Informationen und Services zum Themenbereich Beruf und Karriere. Dazu gehören Diskussionsforen, Newsletter, Bücher, Glossar, Seminare und zum Schnuppern ein Demo-WBT. Sobald Sie registriert sind, stehen Ihnen alle Funktionen unserer Business-Community frei zur Verfügung.

Wir freuen uns auf Sie und wünschen Ihnen viel Erfolg!

Ihr **book@web**-Team

//Die Stimme liegt als Bedeutungsträger jeder Botschaft zugrunde

Danke den sieben Frauen!

Sicher gibt es auch Männer, bei denen ich mich bedanken könnte. Bei meinen Kollegen, dem Diplom-Sprechwissenschaftler Günter Wirth und bei Professor Dr. Coblenzer. Aber gerade weil ich selbst ein Mann bin, möchte ich den Frauen danken, die mich inspiriert und unterstützt haben:

Meiner geliebten Frau Caroline, die ihre Zeit einsetzte und mir stets zur Seite stand, um dieses Buch möglich zu machen, meiner Mutter, ohne die es mich nicht gäbe, sowie meiner flexiblen und mitdenkenden Sekretärin Anne Freitag. Ein weiteres Dankeschön gilt der Stimmbildnerin A. Kuypers, deren Arbeit die Grundlage für dieses Werk bildet. Bei ihr habe ich wunderbare Übungen gefunden.

Dankbar bin ich auch meiner leider inzwischen verstorbenen Stimmlehrerin Ursula von Kalben aus München.

Dank gilt auch meiner geschätzten Kollegin Dr. rer. med. Reni Berg, die mir zum Thema »Physiologie der Stimme« mit Rat und Tat zur Seite stand. Und, last but not least, Dr. Christa M. Heilmann, die mich zu viel mehr inspiriert hat, als zur Übung »Warm up Voice«!

//Drei Sätze, drei Stimmen, drei Welten!

Eine sympathische Stimme erklingt mit den Worten: »Liebling, schön, dass du endlich wieder daheim bist!« An einem anderen Ort werden gerade die bedächtigen Worte geäußert: »Pssst, das Baby ist eben eingeschlafen.« Und auf einer Baustelle brüllt der Polier: »Tempo, beeilt euch, die Arbeit muss heute noch fertig werden!«

Drei Sätze, drei Stimmen, drei Welten!

Sprechen Sie diese drei Aussagen doch einmal nach. Versetzen Sie sich kurz in die jeweilige Situation. Hören Sie, wie verschieden Ihre »eine« Stimme klingen kann? Was haben Sie getan, bevor Sie den jeweiligen Satz gesagt haben? Sie haben sich in die entsprechende Situation versetzt. Welche Gefühle verbinden Sie mit dem ersten Satz: »Liebling, schön, dass du endlich wieder daheim bist!«?

Jemand sehnte sich danach, dass sein Liebling wieder nach Hause kommt. Wir können förmlich fühlen, mit welch einer Wärme und Herzlichkeit diese Worte gesagt wurden. Das kleine Wort »endlich« zeigt außerdem die Sehnsucht, die beim Sagen dieser Worte mitklingt.

Beim zweiten Satz: »Pssst, das Baby ist eben eingeschlafen«, können wir nachvollziehen, dass die Worte leise gesagt wurden. Leise, aber doch bestimmt.

Sie können diesen Satz leise und bestimmt und dennoch freundlich oder unfreundlich sagen. Interessant, oder?

Beim dritten Satz: »Tempo, beeilt euch, die Arbeit muss heute noch fertig werden!«, befinden wir uns in einer ganz anderen Welt. Lauthals wird gebrüllt. Die Arbeiter werden unter Druck gesetzt. Der Polier sagt auch nicht »wir müssen uns beeilen«, sondern »beeilt euch«. Der Gemeinschaftssinn wird hier aufgrund diverser Umstände, offensichtlich nicht zuletzt wegen Zeitnot, völlig außer Acht gelassen. Dieser Satz entspricht eher einem Befehl.

Mit diesen erklärenden Gedanken im Sinn sagen Sie diese drei Sätze doch noch einmal. Nicht »noch einmal«, sondern »noch einmal«. Erkennen Sie den Unterschied? Im doppelten Sinne? An einem einzigen Tag »spielen« wir viele verschiedene Rollen. Hauswirtschafter, Erzieher, Pfleger, Freund, Lehrer, Ratgeber und vieles mehr. Ist Ihre Stimme erst einmal »gestimmt«, sprich gebildet, dann wird sie sich Ihrer Rolle, Ihrer jeweiligen Situation und der Absicht, die Sie verfolgen, anpassen.

Übrigens, auch keine konkrete Absicht zu haben, ist eine Absicht.

Deshalb, schon in der Einleitung, die erste wichtige Grundsatzfrage:

Welcher Gedanke löst die Worte aus, die Sie sagen wollen?

Oder etwas anders formuliert:

Welche Intention steckt hinter Ihren Worten?

Machen Sie sich diese Frage, und natürlich die dazugehörige Antwort, immer wieder bewusst.

Wissen Sie, Sie müssen dieses Buch natürlich nicht lesen, denn wenn Sie es lesen, werden Sie erleben, wie Ihr Einfluss mit dem Anwenden des Gelernten spürbar wächst.

Welches Wort hat Sie im letzten Satz ein wenig irritiert? Das Wort »denn«, nicht wahr? Überlegen Sie einmal, warum.

Allein der neue Klang Ihrer Stimme wird Ihnen zu deutlich mehr Aufmerksamkeit verhelfen, beruflich und privat gleichermaßen!

WUV – die Warm-up-Voice-Übung

//Erwärmen Sie Ihre Stimme

b@w

► Um Ihre Stimme zum Schwingen zu bringen, um sie wie beim Sport aufzuwärmen, empfehle ich Ihnen folgende Übung. Machen Sie sie jeden Tag einmal – Ihre Stimme wird es Ihnen danken.

01. Strecken und Gähnen. Sie liegen zu Beginn des Tages, oder als Pause zwischendurch, auf dem Bett oder dem Boden. Dabei strecken Sie sich nach Herzenslust und gähnen dabei. Das ist Entspannung hoch 3!

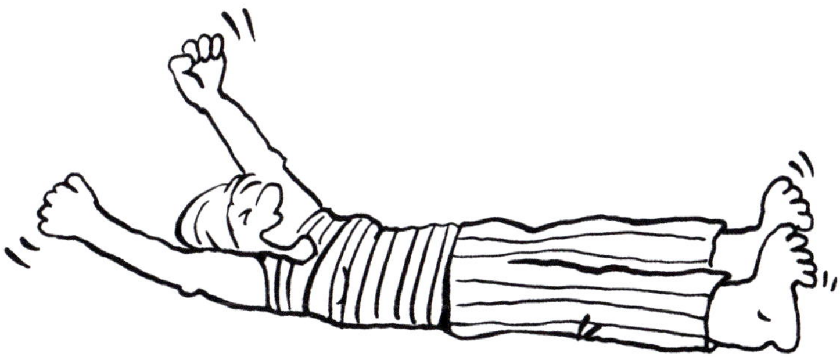

02. Gesicht rubbeln/massieren. Sie haben sich im Bad gerade mehrmals frisches Wasser ins Gesicht gewischt und reiben sich dabei genüsslich die Wangen.

03. Gesicht trocken schütteln, weil kein Handtuch da ist. Ihre Gesichtsmuskulatur und Ihr Unterkiefer, die durch nächtliche Aktivitäten, z. B. Zähneknirschen, oft sehr verkrampft sind, werden gelockert.

04. Mit kleinen schnellen Schritten aus dem Bad zum Frühstück. Das regt Ihren Kreislauf an.

05. Tee schlürfen. Mit beiden Händen die Tasse fassen und den Tee genussvoll schlürfen. Mit einem erleichternden Aaahhhh ausatmen. Dreimal – vertieft die Atmung!

06. Brötchen kauen. Ins Brötchen beißen und kauen. Dabei auf mmmnnnn genussvoll brummeln. So kommen Sie schnell in den Normalsprechtonbereich.

07. Wieder Tee schlürfen.

08. Wieder Brötchen kauen.

09. Ihre Zunge sucht den gesamten Mundbereich nach Brötchenresten ab. Sie ertastet dabei jeden Winkel des Mundes. Nebenbei wird untersucht, ob noch alle Zähne da sind. So wird Ihre Zungenbeweglichkeit enorm erhöht.

10. »Kutscher-Schnauben« mit Ton. Hört sich an, als wenn die Lippen flattern und dabei ein P nach dem anderen herauswerfen. (Kinder machen das oft, wenn sie Autogeräusche imitieren.)

11. Stimmjogging beim Summen. Sie beginnen mit einem tiefen Ton und ziehen ihn stufenlos höher, um dann wieder tiefer zu werden. Hört sich an wie eine Sirene. Ihre Zwerchfelltätigkeit und Stimmlippenfunktion werden koordiniert.

12. Einsprechen, z. B. mit einem Text mit vielen Ks. Das schafft Weite. Wie wär's mit »Kiki, die knackige Kokotte...« aus dem Film »Die Studentin« mit Sophie Marceau?

»Kiki, die knackige Kokotte, klettert wie eine Klette an Koko, dem Kakaopflücker. Kiki, die Kokotte, wünscht sich ein Khakijäckchen mit einem Karakulkragen. Koko, der knackige Kakaopflücker, hatte nur ein Khakijäckchen ohne Karakulkragen, oder Karakulkragen ohne Khakijäckchen, der arme Koko. Der klapprige König, der von Kikis keckem Kokottenkichern entzückt war, machte aus dem Jäckchen ohne Kragen und dem Kragen ohne Jäckchen ein Jäckchen mit Kragen. Und so kam es, dass Kiki, die knackige Kokotte, nicht mehr mit Koko, dem Kakaopflücker, kokettierte.«

Das Werkzeug

Auf die Atmung kommt es an

//Man hört nie eine Stimme, man hört immer einen Menschen

► Die Grundvoraussetzung für erfolgreiches Sprechen ist die richtige Atmung. Die Atmung ist der Träger der Stimme! Wenn sich Ihre Atmung verändert, wird sich dies auf Ihre Stimme auswirken. Und durch eine wohltuende, fließende Atmung verändert sich automatisch auch Ihre Sprache!

Übungen zur Lautbildung und Artikulation werden Ihre »neue« Stimme »klangvoll« machen.

Entspannen Sie sich!

//Beim guten Redner sieht der Zuhörer mit den Ohren

► Bevor es losgeht, nur noch eines: keine Hetze! Dazu möchte ich Ihnen eine kleine Geschichte erzählen:

König Wind und König Schlaf wollten herausfinden, wer von beiden der Mächtigere sei. Als die beiden gerade darüber diskutierten, wie sie das am besten testen könnten, sahen sie auf einer großen Wiese einen kleinen Jungen, der ein Stück Brot in seiner Hand hielt.

Da sagte König Wind: »Jetzt zeige ich dir einmal, wie schnell ich das Brot diesem kleinen Jungen wegnehmen kann.«

»Da bin ich aber gespannt«, sagte König Schlaf.

Und schon ging es los! König Wind begann zu blasen.

Als der kleine Junge den starken Wind spürte, hielt er sein Brot umso fester. Daraufhin begann König Wind zu stürmen. Der kleine Junge suchte sofort Schutz hinter einer alten Eiche und hielt sein Brot noch fester. König Wind, inzwischen sehr zornig, begann sich weiter aufzublasen und stürmte mit aller Macht. Der kleine Junge war hinter der alten Eiche jedoch gut geschützt und hielt sein Brot mit aller Kraft in seinen beiden Händen.

Da ertönte plötzlich eine Stimme.

»Halt! Lass mich mal«, sagte König Schlaf. Und König Schlaf »fiel« über den kleinen Jungen.

Der Kleine begann sich die Augen zu reiben, und je mehr König Schlaf über den kleinen Jungen »fiel«, desto müder wurde er. Er begann zu gähnen, rieb sich weiter die Augen, setzte sich behutsam und ließ sich langsam auf die eine Seite fallen. Während er einschlief, öffnete sich die Hand, die eben noch mit aller Macht das Brot gehalten hatte, und ließ es langsam herausrollen.

Offensichtlich war in diesem Fall König Schlaf der Mächtigere. Warum erzähle ich Ihnen diese Geschichte? Wenn es um Ihre Stimme und Ihre Sprache geht, dann werden wir mit Gewalt, Hetze und Eile ganz sicher nichts erreichen. Genauso wenig wie König Wind aus unserem Beispiel.

Was Sie jetzt brauchen, ist Ruhe und Entspannung. Denn jede unnötige Anspannung, jeder unnötige Druck verhindern Vibration bzw. Resonanz. Lassen Sie deshalb bitte alles, was Sie ab jetzt kennen lernen, einfach auf sich wirken – wirken, wie der Schlaf auf den kleinen Jungen wirkte, der sich einfach nicht dagegen wehren konnte.

Stellen Sie sich Ihre Stimme als einen klingenden Körper vor, vergleichbar einem Instrument.

Ich will es Ihnen folgendermaßen veranschaulichen: Sie sitzen mit einem Freund, einer Freundin in Ihrem Lieblingslokal. Die voluminösen Rotweingläser sind vom Kellner gerade gefüllt worden. Sie stoßen auf einen angenehmen Abend an, jedoch das erwartete »Klingen der Gläser« bleibt aus. Sie schauen auf Ihr Glas und auf Ihre Hand, und » ...ach ja, ich halte das Glas ja direkt am Gefäß, anstatt nur den Stiel zu halten«. Bei Ihrem nächsten Versuch, Sie halten das Glas nun am Stiel, entsteht ein zauberhafter, klarer und nachhaltiger Ton.

In dem Moment, in dem das Glas keinen unnötigen Druck, keine unnötige Spannung erhält, ist es »frei« zu klingen. So ähnlich verhält es sich mit unserem Körper. Wie Sie Ihr Instrument, Ihre Stimme, sozusagen »befreien«, das werden Sie auf den folgenden Seiten erleben. Mit dem Anwenden des Gelernten werden sich auch Ihre Ausstrahlung und Ihre Anziehungskraft verändern – viel Freude dabei!

Das schönste Instrument ist die Stimme

//Wenn du sprichst, sollten deine Worte besser sein, als dein Schweigen gewesen wäre

► Was ist Stimmbildung eigentlich?

Das Wort erklärt sich im Grunde aus sich selbst heraus. Bei der Stimmbildung geht es um die Bildung oder Ausformung der Stimme und um die Optimierung des Klanges. Dieser Vorgang ist vergleichbar mit dem Erlernen eines Instruments. Denn auch die Stimme ist ja ein Instrument, vielleicht sogar das schönste aller Instrumente. Natürlich nur, wenn sie richtig »gespielt« wird!

Heute ist es leider gang und gäbe, dass Stimme und Sprache nicht mehr funktionieren. Ventilation, Phonation und Artikulation harmonieren nicht. Die Ventilation, die Atmung, ist der Träger der Stimme. Auf ihr bzw. mit ihr wird phoniert, werden die Laute gebildet. Die Artikulation, die richtige Aussprache, entscheidet über die Qualität der Sprache.

b@w **Die Hauptregeln der Stimmbildung**

Regel 1: Es ist wichtig, klar und sprechbezogen zu denken, denn jeder Gedanke verändert die Atmung, Stimmproduktion und Artikulation.

Regel 2: Eine aufrechte, aber wohl gespannte Körperhaltung ist entscheidend.

Regel 3: Eine unwillkürliche, fließende Atmung und die entsprechende Steuerung der Atmung bezüglich der Sinnpausen bestimmen den Redefluss.

Regel 4: Bewusstes Hören auf die Klangqualität der Stimme damit sich ein resonanzreicher Klang entwickeln.

Regel 5: Eindeutige und dadurch voneinander unterscheidbares Bilden der Vokale und Konsonanten.

Regel 6: Kehlkopf und Rachen sind entspannt.

Regel 7: Kiefer und Zunge werden gelockert und sorgen so für eine deutliche Artikulation.

Regel 8: Das Zusammenspiel von Stimmerzeugung und Artikulation wird trainiert.

Es stellte sich mir immer wieder die Frage, womit und in welcher Reihenfolge ich Sie an dieses spannende Thema heranführe. Denn wo immer man das Thema Stimme und Sprechen auch anfasst, ist es interessant!

»Von sich zurücktreten wie ein Maler von seinem Bild –
wer das vermöchte.«
Christian Morgenstern

Machen Sie sich im Sinne des Morgenstern'schen Zitats einmal bewusst, wie Sie eigentlich sprechen. Dazu benötigen Sie nur einen Cassettenrecorder mit Aufnahmefunktion und einen Spiegel.

Nehmen Sie sich einmal auf, während Sie Ihre Personalien und Ihre Telefonnummer auf Band sprechen. Aber erschrecken Sie beim Anhören bitte nicht. Ja, das ist Ihre Stimme! Allerdings sind Sie der einzige Mensch, für den dieser Klang ungewöhnlich und neu ist. Alle anderen, die Sie kennen, sind an eben diesen Klang gewöhnt.

Warum sich das für Sie so anders anhört? Nun, wenn Sie sich selbst hören, nehmen Sie Ihre Stimme über das Ohr und über die Leitung der Töne Ihrer Kopfleisten, sprich Knochen, wahr. Die Leitung der Stimme über die Kopfleisten fehlt Ihnen jedoch, wenn Sie sich vom Band hören.

»Alles ist schön, was man mit Liebe betrachtet.«
Christian Morgenstern

Wenden Sie diese Worte bitte auf Ihre Stimme an. Betrachten Sie Ihre Stimme mit Liebe und Wohlwollen, denn es ist Ihre Stimme. Und bitte behalten Sie Ihre erste Aufnahme. Löschen Sie sie nicht! Vielleicht möchten Sie jetzt auch noch eines Ihrer Lieblingsgedichte oder eine Kurzgeschichte aufzeichnen? Bitte tun Sie das!

Wenn Sie das Buch dann einmal ganz durchgearbeitet haben, nehmen Sie die gleichen Texte bitte noch einmal auf – mit Ihrer »neuen« Stimme. Und wenn Sie dann vor lauter Erstaunen den Mund nicht mehr zubekommen, dann fertigen Sie bitte je eine Kopie (vorher/nachher) für mich an und schicken Sie mir diese.

Übrigens: Die besten Tonbeispiele werden mit einem Seminar in Stimmbildung und Sprecherziehung prämiert! Dann können wir uns zusammen freuen!

Lassen Sie uns mit der Schatzsuche beginnen. Der Schatz ist Ihre natürliche, klingende Stimme – und die werden Sie mithilfe dieses Buches bald gefunden haben und für immer besitzen.

»Nichts sieht so einfach aus wie eine verwirklichte Utopie.«
Wernher von Braun

Sie glauben, Sie schaffen das nicht? Denken Sie an den Satz, den Sie gerade gelesen haben. Natürlich sind alle Dinge zunächst schwer, bevor sie leicht werden. Aber Ihr Unterbewusstsein weiß, dass Sie Ihr Ziel, nämlich eine klangvolle und anziehende Stimme zu haben, erreichen können. Oder hat Sie irgendjemand gezwungen, dieses Buch zu lesen? Der libanesische Schriftsteller Khalil Gibran (1883–1931) sagte einmal: »Niemand kann euch etwas eröffnen, das nicht schon im Dämmern eures Wissens schlummert.«

b@w Ohne Konsonanten und Vokale keine Wörter

//Alles Gesprochene besteht aus Konsonanten und Vokalen

► **Die Sprachlaute**

Die Sprachlaute lassen sich in sechs Gruppen aufteilen:

01 Strömungslaute
02 Halbklinger
03 Klinger
04 Explosive
05 Hauchlaute
06 Vokale

01 **Strömungslaute** sind Konsonanten, die ohne Stimme, also stimmlos, gesprochen werden: f, s, sch, vorderes ch (wie bei ich) und hinteres ch (wie bei ach)

02 Werden diese Strömungslaute mit Stimme ergänzt, also stimmhaft gesprochen, dann heißen sie **Halbklinger**.

Testen Sie einmal! Bilden Sie ein f und unterlegen Sie es mit Ihrer Stimme. In diesem Fall wird aus dem f ein w. Aus dem stimmlosen s (wie in Wasser) wird ein stimmhaftes s (wie in Sonne), aus dem stimmlosen sch (wie in Schloss) wird ein stimmhaftes sch (wie der Anlaut bei Genie), aus dem vorderen ch (wie bei ich) wird ein j, und aus dem hinteren ch (wie bei ach) wird ein r. Interessant, nicht wahr?

03 Die Konsonanten m, n, ng und l sind so genannte **Klinger.** Bilden Sie diese Konsonanten einmal, indem Sie sie »summen«. Spüren Sie die Resonanz im Kopfbereich?

04 Der Konsonant h ist ein so genannter **Hauchlaut.** Die Luft wird ohne jeglichen Widerstand abgegeben, geführt durch die Atemmuskulatur.

05 Die Konsonanten p, t, k, b, d, g sind so genannte **Explosive**. P, t, k sind harte Explosive und b, d, g sind weiche.

06 Die **Vokale** sind a, e, i, o, u und werden durch die Umlaute ä, ö, ü (= y) ergänzt.

Sprechen Sie die nun angeführten Konsonanten und Vokale bitte laut aus, während sie weiterlesen:

p, b, m werden mit den Lippen gebildet.
f, v, w werden mit der Unterlippe und der oberen Zahnreihe gebildet.
s und **z** werden mit den Ober- und Unterzähnen gebildet.
t, d, l, n, r werden mit der Zungenspitze und dem harten Gaumen gebildet.
k, g, j, ch werden mit dem harten Gaumen gebildet, wobei die Zunge gewölbt ist.

Lassen Sie die Sprache »vorn« im Mund klingen, hinter der oberen Zahnreihe und am harten Gaumen!

Die Aussprache der Konsonanten oder die Konsonantenstütze

Wie wichtig ist der Anschlag der Tasten beim Spielen eines Klaviers? Sie haben Recht, alles hängt vom richtigen Anschlag ab! Den Anschlag beim Klavierspiel könnte man mit der Bildung der Konsonanten beim Sprechen vergleichen. Werden die Konsonanten nicht vorn im Mund richtig gebildet, so leidet die Anregung der Resonanz darunter. Auch die schönsten Vokale nutzen dann wenig, denn ihr Ton kann sich nicht richtig entfalten.

Wenn man z. B. bei der Aussprache der Konsonanten d, l, n, r und t den Unterkiefer bewegt, anstatt lediglich mit der Zunge bzw. Zungenspitze zu artikulieren, so verengt man den Resonanzraum vor der Kehle, sprich den Bereich oberhalb des Kehlkopfes. Die Resonanzanregung wird dadurch gestört. Der Anschlag des Vokals bleibt entsprechend der Bewegung des Unterkiefers ohne Klang.

Der Artikulation der Konsonanten kommt weit mehr Bedeutung zu als allgemein angenommen. Werden die Konsonanten nicht richtig gebildet, ist die Resonanzanregung zu schwach. Die Stimme kann ihren Klangteppich, der dem Sprechen zugrunde liegen soll, nicht entfalten. Es wird weniger Klang erzeugt!

Die Bildung der Vokale a, e, i, o, u

Für die Bildung der Vokale bedarf es der richtigen Mund- und Zungenstellung. Im Grunde genügen die Stimme und das Gehör dazu. Das a wird mit einer ovalen Mundstellung gebildet, wobei die Lippen unter den Zähnen ruhen, die Zähne etwa halb zu sehen sind und die Zunge entspannt im Zungenbett liegt. Der Mund soll so weit geöffnet sein, dass zwei aufeinander gelegte Finger zwischen die Zähne gelegt werden könnten.

Beim Bilden von e und i ist der Mund etwas breiter gestellt als beim a. Jedoch ist darauf zu achten, dass kein Lippenbreitzug entsteht.

Beim Bilden von o und u ist der Mund rund geformt. Der Zwischenraum zwischen der oberen und der unteren Zahnreihe ist fingerbreit.

Die Bildung der Diphthonge au, ai, ei, eu und äu

Bei der Bildung von au geht die ovale Mundstellung des a in die runde Mundstellung des u nahtlos über. Achten Sie darauf, dass das u kurz und deutlich klingt.

Entsprechend bilden Sie das ai und ei durch die nahtlose Veränderung der ovalen Mundstellung des a (denken Sie daran, dass die Zähne zwei Fingerbreit auseinander stehen) in die des etwas breiter geformten i.

Beim Bilden des eu (äu) wird die Mundstellung des o gewählt (wie beim Sprechen des Wortes Orchester), während man nahtlos zum kurzen i übergeht.

»Wer nicht bekommt, was er will, der will es entweder nicht ernsthaft genug oder er hat versucht, um den Preis zu feilschen.«
Rudyard Kipling

Beim Klavierspiel bemüht man sich, unter Verwendung der verschiedenen Finger und des Handgelenks alle Tasten, sprich Töne, gleichmäßig anzuschlagen. Bei der Artikulation der verschiedenen Konsonanten ist diese Gleichmäßigkeit ebenso wichtig.

Beim Klavierspiel stellt es sich als das Schwierigste heraus, den dritten und vierten Finger zu trainieren. Der erste Finger (Zeigefinger) lässt sich am leichtesten bewegen. Der Daumen dagegen schlägt anfänglich zu stark an, während der kleine Finger zu schwach ist.

Deshalb übt ein guter Pianist mit den einen Fingern mehr als mit den anderen, damit beim Spiel die ungleiche Veranlagung der Finger nicht mehr hörbar ist.

Ähnlich ist es bei der Übung der verschiedenen Konsonanten!

»Alle Schöpfer sind Schauer. Sie schauen das Fertige, bevor überhaupt etwas begonnen wird. Dann bilden sie es einfach nach.«
Sigmund Graff

In diesem Sinne stellen Sie sich bitte Ihre Stimme vor. Hören Sie Ihre Stimme, wie Sie sie gerne hätten. Verschaffen Sie sich eine Vorstellung des Stimmklangs, den Sie erreichen möchten. Holen Sie sich Stimmen in Ihr Bewusstsein.

Was zeichnet diese Stimmen aus? Es gibt klare Stimmen ebenso wie raue oder gepresste Stimmen. Es gibt laute oder schrille Stimmen, aber auch volle und weiche Stimmen. Wie soll Ihre Stimme sein? Sanft, zart oder ...?

Stellen Sie sich Ihre Stimme vor!

»Stimme kann krank machen, Stimme kann heilen,
Stimme kann verzaubern –
... zu baden im Duft des Klangs deiner Stimme.«
Reni Berg

Der Körper sorgt für Resonanz

//Versetzen Sie Ihrer Stimme keinen Dämpfer

► Bei dem Wort Resonanz denkt man zunächst an ein Instrument. Eine Geige, ein Cello, ein Klavier – aber auch an die Stimme. Für die Resonanz spielt der menschliche Körper eine große Rolle.

Voraussetzung für Resonanz ist das Mitschwingen von Körpern. Das geschieht, wenn die Anzahl bzw. Frequenz der erzeugten und einwirkenden Schwingung, sprich des Tones, den dazugehörenden Körper zum Mitschwingen veranlasst. Ist die Schwingungszahl des in Schwingung versetzten Körpers mit der einwirkenden Schwingung (des Tones) gleich oder nahezu gleich, ist das Mitschwingen (des Körpers), eben die Resonanz, sehr stark.

Die Resonanz ist um so stärker, je weniger der in Schwingung versetzte Körper gedämpft wird. (Denken Sie an das Beispiel mit den Gläsern.) Was bei der Stimmbildung Resonanz heißt, ist im Gebirge das Echo und in Gebäuden die Akustik.

Das Echo im Gebirge kann noch so gut sein, wenn die Stimme nicht ausreicht, es hervorzurufen, nutzt es wenig. So verhält es sich auch bei der menschlichen Stimme. Resonanz ist grundsätzlich vorhanden, aber eine nicht gebildete Stimme vermag sie nicht zu wecken.

Oh Täler weit ...

b@w **//Gähnen entspannt**

► In den ersten Übungen geht es darum, Räume zu öffnen bzw. zu befreien.

Strecken Sie sich bitte ausgiebig, nach allen Richtungen, die Ihnen angenehm sind. Bitte gähnen Sie dabei, genießen Sie es! Tun Sie dies auch zwischendurch immer wieder, es entspannt ungemein!

Die Atmung gibt der Stimme Energie

//Sprechen ist Stimme – Stimme ist Atmung – Atmung ist Leben!

► Die Atmung ist sozusagen der Motor der Stimme. Ihr Radio bringt keinen Ton hervor, wenn es keinen Strom hat. Ihre Stimme erzeugt keinen Ton, wenn sie nicht beatmet wird. So wichtig wie der Lautstärkeregler für das Radio ist Ihre Atemkontrolle für Sie als Sprechenden. In der Lage zu sein, genügend Luft aufzunehmen und eine gute Kontrolle darüber zu haben, ist fundamental wichtig für eine angenehme und weit tragende Stimme.

Nicht jeder Mensch atmet richtig, obwohl jeder Mensch atmet. Wenn es um Stimmbildung geht, gibt es eindeutig richtiges und falsches Atmen.

Legen Sie das Buch nun für einen Moment beiseite und machen Sie folgende kleine Übung:

Stellen Sie sich hin und entspannen Sie. Ihre Füße stehen schulterbreit auseinander. Stellen Sie sich vor, Sie haben »Wurzeln«, die weit in die Erde hineinreichen und Ihnen dadurch festen Stand geben. Belasten Sie den Vorderfuß nicht allzu stark. Sie haben nun das Gefühl, Ihr Skelett ist wunderbar ausbalanciert. Jetzt stehen Sie richtig!

//Es gibt zwei Atem-Typen

Nun sage ich Ihnen etwas, das Sie vielleicht vorher noch nie gehört haben. Es gibt zwei verschiedene Atemtypen, und Sie müssen feststellen, zu welchem Atemtyp Sie gehören. Wir unterscheiden die aktive Einatmung bzw. die aktive Ausatmung.

Die Atmung beider Typen ist gegensätzlich. Verhaltensweisen wie Sitzen, Stehen, Gehen und Liegen müssen sich nach dem Atemtyp ausrichten und die Atmung unterstützen. So ist in Rückenlage die Einatmung leichter, die Ausatmung schwerer. In Bauchlage fällt die Ausatmung leichter und das Einatmen schwerer. Folglich ist für den Einatemtyp die Rückenlage und für den Ausatmer die Bauchlage einzunehmen. Ernährung, Kreislauf und Muskelarbeit unterstützen die typengerechte Atmung. Alles dient dem Prinzip der führenden Atmung.

Einatmer

//Das Prinzip der Dehnung herrscht vor

► Der Einatmer unterliegt dem vorherrschenden Prinzip der Dehnung und wird durch die Dominanz der Mondenergie in der Geburtsstunde festgelegt. Er hat eine aktive Einatmung und eine passive Ausatmung. Dieses Prinzip wird in der Rückenlage sehr gut unterstützt. Stellen wir uns den Brustkorb mit seiner Atemmuskulatur als Glocke vor. In Ruhe bewegt sich diese Glocke nur wenig nach innen und außen. Sie bewegt sich sozusagen um eine neutrale Mittellage. Aus dieser Stellung heraus können wir sowohl aktiv ein- wie aktiv ausatmen. Der Einatemtyp muss von Natur aus die aktive Einatmung bevorzugen und betonen, um anschließend den Brustkorb nach einer kurzen Umschaltphase (Umschalten von maximaler Aktivität zu Passivität) bzw. nach kurzen Pausen passiv in die Mittelstellung zurückfallen zu lassen. Erst bei größerer körperlicher Anstrengung wird er auch seine Ausatemmuskulatur zu Hilfe nehmen, die Betonung bleibt aber immer bei einer aktiven Einatmung. Die Bauchmuskulatur der Bauchdecke muss sich bei der Einatmung so weit wie möglich entspannen, um möglichst viel Bewegungsspielraum zur Dehnung zu geben.

Die Bauchmuskulatur hat also ihre Aufgabe im Halten der Bauchorgane, um diese ohne viel Bewegung ihre Arbeit verrichten zu lassen. Nur in Ausnahmesituationen geht es um möglichst großen Druckaufbau bzw. Gasaustausch im Brustkorb. Das hat mit einer normalen Atmung nichts zu tun.

Um so tief wie möglich einatmen zu können, müssen neben der Erschlaffung der Bauchmuskulatur auch die Flankenmuskeln entspannen. Die über die Nase durchgeführte tiefe aktive Einatmung ist dann gut hörbar. Um den Atemwegswiderstand für eine passive Rückführung des Brustkorbs in die Mittellage so klein wie möglich zu halten, kann das Ausströmen der Luft über den leicht geöffneten

Mund geschehen. Stellen wir uns passives Ausatmen vor, so ist damit die völlige Entspannung der Brustmuskulatur oder Atemmuskulatur zu verstehen, und insofern reden wir beim Einatmertyp nie von Ausatmung, sondern von Loslassen oder Strömenlassen. Dieses Loslassen darf nicht zu hören sein. Das Wechselspiel von aktiver Einatmung und passiver Ausatmung lässt sich in Form von Übungen trainieren. Die typengerechte aktive Einatmung mit passiver Ausatmung wird von Betroffenen als sehr wohltuend empfunden. Wegen der optimalen Durchblutung stellt sich ein Wärmegefühl ein, das Gesicht nimmt eine rosige Farbe an.

Das tiefe Einatmen sollte im zeitlichen Verhältnis zur Ausatmung 3:1 oder sogar 4:1 stehen.

Ausatmer

//Das Prinzip der Verengung dominiert

► Die Atmung des Ausatemtyps unterliegt dem führenden Prinzip der Verengung. Hier liegt die Betonung auf der aktiven Ausatmung. Die »Glocke« bzw. der Brustkorb wird mit der Ausatemmuskulatur bei völlig entspannter Einatemmuskulatur aktiv zusammengezogen, um nach einer kurzen Umschaltphase passiv bei nun entspannter Ausatemmuskulatur in die Ausgangsstellung zurückzugehen. In der Bauchlage wird die Ausatmung unterstützt.

Bei Durchführung der aktiven Ausatmung ist es sehr wichtig, dass nicht gepresst oder der Atem ausgestoßen wird, da hierbei die Einatemmuskulatur angespannt werden muss. Diese Anspannung verhindert eine konsequente Ausatmung. Der Ausatemvorgang wird vorzeitig abgebrochen oder behindert. Ein Gefühl der Luftnot entsteht.

Die Bauchmuskulatur hat keine Atemfunktion, sondern hält die Bauchorgane in Ruhelage. Die Flankenmuskulatur hingegen wird kräftig beansprucht und ermöglicht eine völlige Ausatmung. Vielen Erwachsenen fällt diese Atemtechnik in der Lernphase schwer. Es ist dann hilfreich, sie gleichmäßig über den offenen Mund und nicht über die Nase ausatmen zu lassen. Ist diese Technik erlernt, wird auf die Ausatmung über die Nase umgestellt. Das passive Zurückgehen des Brustkorbes in die Mittellage wird erleichtert, wenn hierbei die Luft über den leicht geöffneten Mund einströmt. Bei leicht geöffnetem Mund ist der Atemwegswiderstand kleiner und erleichtert somit das passive Einatmen. Das Einströmen der Luft über den geöffneten Mund wird aber nur bei der Durchführung der Atemübung vorgenommen. Im Alltagsleben erfolgt das Einströmen der Luft über die Nase. Halten wir noch einmal fest: Das Wesentliche für den Ausatemtyp ist die aktive Ausatmung und das passive Eintrömenlassen der Luft. Bei körperlicher Belastung wird die

Einatemmuskulatur zu Hilfe genommen, die Betonung bleibt aber auf der aktiven Ausatmung.

Die betonte Ausatmung sollte im Verhältnis zur Einatmung 3:1 oder gar 4:1 stehen.

Die Zunge muss gehorchen: »Platz!«

//Die Zunge gehört ins Zungenbett

► Nehmen Sie den bereitgestellten Spiegel zur Hand und öffnen Sie Ihren Mund.

Was macht Ihre Zunge? Wo und wie liegt sie in Ihrem Mund? Oder liegt sie gar nicht, sondern bewegt sich? Wenn sie nicht ruhig und flach im so genannten Zungenbett liegt, dann verengt sie den Raum vor dem Rachen, sprich sie behindert Ihre Stimme. Können Sie bei weit geöffnetem Mund die hintere Wand Ihrer Mundhöhle sehen, oder ist Ihre Zunge im Weg? Zur Wiederholung, es ist wirklich wichtig, dass die Zunge nicht gewölbt im Munde liegt und das Zäpfchen dahinter nicht herunterhängt. Für diese Übung muss die Zunge »gehorsam« flach im Zungenbett (Unterkiefer) liegen.

Fangen Sie jetzt bitte nicht an, die Zunge mit Ihren Fingern flach zu drücken. Ihr Wille allein sollte genügen!

Wenn Sie wollen, dass sich Ihre Zunge flach hinlegt, wird sie das tun. Üben Sie immer wieder diesen Einfluss auf Ihre Zunge aus – allein mit Ihren Gedanken. Schauen Sie immer wieder in den Spiegel und bewirken Sie das entspannte Hinlegen der Zunge, indem Sie Ihre Aufmerksamkeit ganz und gar darauf richten.

Die Zunge soll nach unten, das Zäpfchen nach oben. Dies sollten Sie so lange getrennt voneinander und regelmäßig üben, bis es Ihnen schließlich gelingt!

Nehmen Sie sich einige Tage lang eine Viertelstunde ein- bis zweimal täglich Zeit dafür. Das Ergebnis sieht dann so aus: Der Hals wird weit geöffnet sein, so dass die hintere Wand der Mundhöhle gut zu sehen ist. Die Zunge liegt flach im Zungenbett und das Zäpfchen ist »hochgezogen«. Die Luft kann nun ungehindert und lautlos durch Ein- und Ausatmen bewegt werden. Die Hindernisse sind aus dem Weg geräumt! Der Weg ist frei! Wir haben damit eine Grundvoraussetzung dafür geschaffen, dass die Stimme nicht schon im Vorfeld erstickt.

Apropos ersticken: Man reguliert seine Atmung nicht über ein Verengen der Kehle. Die Kehle muss immer entspannt und weit sein! Durch das oben erwähnte Hinaufziehen des Zäpfchens bzw. die Gähnübung wird das erreicht.

Vergleichen Sie Ihre Kehle einmal mit einem Kamin. Was passiert, wenn Sie unten Feuer machen, aber der Kamin oben nicht zieht, weil er verengt ist? Richtig, der Rauch geht nach innen. Wir husten. Ist die Kehle beim Reden verengt, treten unnötige Spannungen auf. Wir müssen husten. Die Stimme leidet, wirkt verhaucht, wird heiser. Deshalb ist es wichtig, diesen Bereich immer wieder zu entspannen.

Und schon sind wir wieder beim Gähnen: aber lang und ausgiebig bitte! Denken Sie daran, der ganze Stimmapparat wird dabei entspannt.

Machen Sie den Mund auf!

//Den Unterkiefer lockern

► Beim Sprechen kommt es auf die richtige Öffnung des Unterkiefers an. Der Mund muss entsprechend weit geöffnet werden. Die Erklärung zum Wort »entsprechend« liefern wir Ihnen später. Wenn Sie möchten, dass man Sie versteht, dann zwängen Sie Ihre Worte bitte nicht durch kaum geöffnete Zähne und einen kaum geöffneten Mund. Achten Sie einmal darauf, wie beweglich Ihr Mund und Ihre Zähne beim Essen sind und wie weit sich Ihr Mund und Ihre Zähne öffnen.

Beobachten Sie diese Beweglichkeit auch beim Sprechen?

Das richtige Öffnen des Unterkiefers ist beim Sprechvorgang sehr wichtig. Beim richtigen Öffnen geht der Unterkiefer ein wenig nach unten und nach hinten, sprich zum Hals hin.

Haben Sie das Gefühl, Ihr Unterkiefer wird festgehalten? Dann ist zu viel Spannung im Unterkiefer. Dieses »Festhalten« verhindert die leichte, freie und saubere Artikulation. Dadurch wiederum kann Ihre Sprache nicht rein und klar sein. Sie klingen jetzt auch leiser, obwohl die Lautstärke an sich in Ordnung ist. Was können Sie tun?

Sie lockern den Unterkiefer, indem Sie Ihren Kopf entspannt nach vorne hängen lassen und dabei den Kopf hin und her schütteln (Tiere, insbesondere Hunde, machen das häufig). Die Gesichtsmuskeln samt Unterkiefer entspannen sich durch dieses schnelle, leichte Hin- und Herschütteln.

b@w Nicht nur beim Essen wird gekaut!

//Kauen entspannt

► Ein anderes wunderbares Mittel zur Entspannung der Artikulationsmuskulatur ist die »Kauübung« nach E. Froeschels.

Kauen und Artikulieren haben viel gemeinsam, denn die Artikulationsorgane sind ebenso an der Nahrungsaufnahme beteiligt. Da wir im Regelfall Kauen als angenehm und wohltuend empfinden, hat diese Übung auch eine entspannende Wirkung. Außerdem können Sie bei dieser Übung Ihren natürlichen Stimmklang hören.

Stellen Sie sich vor, Sie kauen Ihr Lieblingsessen (bitte nichts Flüssiges oder zu Weiches). Beim entspannten Kauen, mit geschlossenem Mund, lassen Sie Ihre Stimme mitklingen. Ein angenehmer Brumm- bzw. Summton in mittlerer Lage entsteht.

Nun können Sie aus diesem mmnnhh heraus diverse Sprechübungen machen oder einfach nur zählen. Also immer mit mmnnhh und der wohltuenden Kaubewegung beginnen, und dann in das Kauen und Brummen hinein sprechen. Ein angenehmer Nebeneffekt dabei ist – Sie befinden sich mit der Kauübung automatisch in Ihrem optimalen Sprechtonbereich, der Indifferenzlage. Das ist der Bereich, in dem Sie Ihren schönsten Klang, Ihre wirkungsvollste Resonanz erzielen.

Kleine Texte zu dieser Übung finden Sie im Fundus am Ende des Buches (z. B. auf Seite 087).

Üben Sie auch das ab jetzt immer wieder einmal.

Sie merken schon, wir schaffen erst einmal die richtigen Voraussetzungen, bevor die eigentliche Stimmarbeit beginnt. Wir inspizieren die einzelnen Teile unseres eigenen Instrumentes, unseres Körpers, und machen uns damit nach und nach startklar.

Wir wollen doch nicht, dass Sie heiser werden und schon im Vorfeld die Lust verlieren. Auch bei geschlossenem Mund sollte Ihre Zunge auf Ihren Befehl hin flach im Zungenbett liegen. Jetzt versuchen Sie, den Unterkiefer langsam zu öffnen, während die Zunge Ihre Lage nicht verändert. Sie öffnen den Mund zwei Fingerbreit und schließen ihn dann wieder.

Ist Ihnen dieser Bewegungsablauf erst einmal gelungen und können Sie ihn wiederholen, dann dürfen Sie auf weiteres Üben verzichten.

Denn die überaus gute Nachricht lautet: Alle an diesem Vorgang beteiligten Muskeln werden nun unwillkürlich die flache Zunge und den offenen Rachen bewirken.

Das haben Sie sich verdient!

Sind Lippen nur zum Küssen da?

//Haben Sie Ihre Lippen im Griff

► Sie haben Ihren Mund locker geschlossen. Die Zähne und die Lippen ruhen jeweils aufeinander. Öffnen Sie die Lippen einmal, nur die Lippen, einen Fingerbreit gleichmäßig nach oben und nach unten. Man sieht nun jeweils die Hälfte der oberen und unteren Frontzähne. Ihr Zeigefinger müsste quer gelegt genau dazwischenpassen. Versuchen Sie das einmal und nehmen Sie den Finger dann wieder weg.

Jetzt öffnen Sie den Mund, indem Sie den Unterkiefer langsam nach unten bewegen. Öffnen Sie ihn so weit, bis Sie zwei Finger übereinander zwischen die Zähne legen können. Sie haben jetzt die ovale Mundstellung des a erreicht. Die Lippenstellung sollte sich nicht verändern, während Sie jetzt den Mund langsam wieder schließen, bis sich die Zähne wieder berühren. Wichtig ist, dass die Lippen an den Zähnen bleiben, während der Mund langsam geöffnet und wieder geschlossen wird.

Diese Übung gilt es zu wiederholen, bis sie schnell und fließend möglich ist.

Danach üben Sie mit einer etwas breiteren Mundstellung.

Achten Sie im täglichen Leben darauf, dass der Mund bereits in dieser Form leicht geöffnet ist, bevor Sie zu sprechen beginnen!

Trainieren Sie Ihre Lippenmuskeln, indem Sie mit Ihrem Mund abwechselnd eine »Schnute« (sagen Sie »üsch«) machen und im Wechsel zu der Mundstellung übergehen, die Sie haben, wenn Sie das Wort »ich« sagen. Investieren Sie in den nächsten Tagen ein- bis zweimal eine Viertelstunde in diese Übung, mit kleinen Pausen natürlich. Sie hat einen enormen Wert beim Training der Lippen bzw. für das Aufwärmen derselben. Außerdem ist sie eine gute Vorbereitung für die Übung der Konsonanten p, b und m, die mit den Lippen gebildet werden.

Das können Sie jetzt schon

► Wenn Sie sich für die vorangegangenen Übungen mit Ihren »Stimminstrumenten« (Rachen, Zunge, Unterkiefer und Lippen) ein wenig Zeit genommen haben, sollten sich folgende Automatismen eingestellt haben:

- Der Rachen ist weit geöffnet.
- Das Zäpfchen geht unwillkürlich hoch.
- Die Zunge liegt entspannt im Unterkiefer, die Zungenspitze ist beweglich.
- Die Lippen sind kräftig und beweglich.

Frischer Wind in die Segel!

//Der Atem ist Träger der Stimme

► Ein stattliches Segelboot auf hoher See braucht erst einmal Wind, um sich fortzubewegen. Ohne Wind ist es nur eine »Schaukel«. Mit Wind aber kann es prächtig gesteuert werden. Was für das Segelboot der Wind ist, ist für unsere Stimme der Atem. Der Atem ist Träger der Stimme!

»Das Geheimnis einer fehlerfreien Atmung liegt nicht in der Aufnahme großer Luftmassen, sondern in der richtigen Verwertung der aufgenommenen Luft.«
A. Kuypers

Woher kommt die Luft?

//Die Bewegung holt den Atem

► Heben Sie Ihren rechten Arm einmal langsam nach oben bis über Ihren Kopf. Ist Ihnen etwas aufgefallen? Mit der Bewegung haben Sie automatisch Luft geholt. Ähnlich verhält es sich beim Sprechen. Allein der Gedanke, etwas sagen zu wollen, löst den Atemimpuls aus. Sie bekommen genau so viel Luft, wie Sie brauchen. Mit einer bewussten Einatmung ist diese ideale Dosierung nicht zu erreichen. Sie verbrauchen bei guter Stimm- und

Sprechbildung weniger Luft, als Sie denken. Lesen Sie noch einmal den oben aufgeführten Grundsatz. Nicht die Menge der eingeatmeten Luft ist entscheidend, sondern die Verwertung derselben.

Auch wenn Sie in der Lage wären, Ihre Lungen bis zum Bersten mit Luft zu füllen, aber diese Luft nicht richtig verwerten könnten, hätten Sie durch zu viel Druck und Spannung eine »kleine Stimme«.

Atmen Sie nach Takt

//Auf den richtigen Rhythmus kommt es an

► Man kann nicht sagen, dass es ungesund ist, die Lungen mit viel Luft zu füllen. Um gesund zu bleiben, sind Übungen, wie die Vollatmung nach Leser-Lasario, bei der tief und voll eingeatmet wird, jedoch unbedingt zu empfehlen. Der Atemhygieniker Leser-Lasario legte für die Vollatmungsübung folgende Vorgehensweise fest. Einatmen auf einen Takt, Luft halten auf vier Takte, Ausatmen auf zwei Takte. Die Länge der Takte sollte Ihrem Wohlbefinden entsprechen. Wäre die Länge der Takte je fünf Sekunden, dann hieße das, 5 Sekunden einatmen, die Luft 20 Sekunden halten und 10 Sekunden lang ausatmen. Machen Sie das Ganze zehnmal hintereinander, am besten dreimal täglich. Das hält Sie fit.

Wo sitzen Ihre Vokale?

//Farbige Vokale

► Herr Leser-Lasario ordnete die Vokale von u bis i einer Körpergegend und einer Farbe zu. Wenn Sie später die angeführten Vokalübungen machen, dann testen Sie einmal, ob er Recht hatte.

Seiner Meinung nach sitzt das u in der Darmgegend, das o in der Herzgegend, das a in der Lungengegend, das e im Bereich der Kehle, das i in der vorderen Stirn.

Die dazugehörenden Farben sind für u schwarz bis tiefblau, für o zinnober bis purpurrot, für a türkis bis hellblau, für e orange bis gelb und für i hellgelb bis weiß.

Nun achten Sie beim Üben der Vokale auch einmal darauf, wie sich Ihr Gesichtsausdruck verändert. Von »sehr ernst« beim Sprechen des u bis »freundlich« beim e und »sehr freundlich« beim i.

Für die Gesundheit sollte man häufig viel Luft einatmen (in der richtigen Umgebung natürlich), für die Stimm- und Sprechbildung gilt dagegen der Grundsatz, dass weniger mehr ist.

Vertrauen Sie Ihrem Körper. Er weiß genau, wie viel Luft er braucht.

Wo lernt ein neugeborenes Baby richtig atmen? Warum diese Frage? Nun, bereits beim allerersten Schrei atmet das Baby richtig. Die Resonatoren werden in idealer Form in Schwingung versetzt, sodass ein Baby lauthals und trotzdem wohlklingend schreien kann, ohne heiser zu werden.

»Jedes hervorragende Werk ist zunächst unmöglich.«
Thomas Carlyle

ZISIZ®

//Zäpfchen heben – Indifferenzlage – Stimmansatz – Intention – Ziel

► Mit diesem, von mir erdachten Kunstwort, lässt sich die gesamte Sprechvorbereitung zusammenfassen. Gehen Sie Schritt für Schritt vor – Sie werden den Erfolg bald spüren.

Z: Zäpfchen heben. Ihre Zunge liegt entspannt im Zungenbett. So wird Raum geschaffen, um den Ton klingen zu lassen.

Stellen Sie sich vor, Sie würden in einer Kapelle mit hervorragender Resonanz die Decke abhängen und die Bänke anheben. Was passiert mit dem Klang? Im Artikulationsbereich ist es ähnlich: Das Zäpfchen und der Gaumen stehen für die Decke, die Zunge für die Bänke.

I: Indifferenzlage (= Normalsprechtonbereich). Entweder über die erwähnte Kauübung oder einfach über ein »mmmhhh« zu sprechen beginnen. Die Gefahr, in der Stimme zu hoch zu sein, ist damit beseitigt.

S: Stimmansatz – Stimme darf niemals in der Kehle geschehen. Sie sollte den Gaumen entlangstreichen und an einem Punkt oberhalb der vorderen Schneidezähne, am harten Gaumen, entstehen. Da nämlich, wo das vordere ch, der Ich-Laut gebildet wird.

I: Intention – warum rede ich? Was sind die Gedanken, die meine Worte auslösen? Bin ich wirklich im Gespräch, oder bin ich mit meinen Gedanken woanders?

Z: Zielorientierung – ich richte meine Stimme wie einen Laserstrahl, klar und gebündelt, auf meinen Gesprächspartner. Ich durchdringe dadurch alle störenden Nebengeräusche und erreiche mein Ziel.

In drei Wochen zum hörbaren Erfolg

//15 Minuten pro Tag führen zum Erfolg!

► Im Folgenden habe ich Ihnen ein Übungsprogramm zusammengestellt, das Ihnen bei konsequenter Übung in drei Wochen einen geradezu messbaren Erfolg bescheren wird. Üben Sie jeden Tag etwa eine Viertelstunde.

Beginnen Sie mit der ersten Übung und halten Sie sich dann an die von mir vorgegebene Reihenfolge. Es ist von Vorteil, alle Übungen durchzuführen. Nehmen Sie dabei immer wieder einmal Ihre Stimme auf Band auf. Sie werden so am besten erkennen, welche Bereiche Sie häufiger, welche Sie seltener trainieren sollten. Ihre Aufnahmen helfen Ihnen dabei.

Mit der Zeit werden Sie in der Lage sein, Ihr ganz persönliches Programm zusammenzustellen. Genauso gehen wir in unseren Seminaren zur Stimmbildung vor.

//1. Tag

Beginnen Sie mit der WUV-Übung (siehe Seite 011 ff). Nun durchdenken Sie einmal ZISIZ. Worauf kommt es dabei an?

Sprechen Sie die -l-Übung 1 min lang laut und deutlich. Der Konsonant -l- dient als Anschlag der Vokale.

lalalalala ...
lololololo ...
lululululu ...
lelelelele ...
lilililili ...

Sprechen Sie die -t-Übung 1 min lang laut und deutlich. Ein Vokal löst den anderen ab.

tala-talo
tala-talu
tala-tala
tala-tale
tala-tali

Sprechen Sie folgende Übung mit -d- 1 min lang laut und deutlich:

latadalalo
latadalalu
latadalala
latadalale
latadalali

Sprechen Sie die Übung mit -n- 1 min lang laut und deutlich:

nalala-nalalo
nalala-nalalu
nalala-nalala
nalala-nalale
nalala-nalali

Sprechen Sie die Übung mit -d- 1 min lang laut und deutlich:

datano
datanu
datana
datane
datani

Sprechen Sie die Übung mit -r- 1 min lang laut und deutlich:

ratala-ratalo
ratala-ratalu
ratala-ratala
ratala-ratale
ratala-ratali

Sprechen Sie folgende Übung siebenmal hintereinander:

td
tdl
tdln
tdlnr

Sprechen Sie folgende Übung mit -tr- dreimal laut und deutlich:

tralala-tralalo
tralala-tralalu
tralala-tralala
tralala-tralale
tralala-tralali

Sprechen Sie die Übung mit -dr- dreimal laut und deutlich:

dralala-dralalo
dralala-dralalu
dralala-dralala
dralala-dralale
dralala-dralali

Sprechen Sie folgende Übung mit -k- dreimal laut und deutlich:

kadratalo
kadratalu
kadratala
kadratale

Sprechen Sie folgende Übung dreimal laut und deutlich:

klalalo-laklalo
klalalo-laklalu
klalalo-laklala
klalalo-laklale
klalalo-laklali

Wenn Sie diese Übungen konsequent durchgeführt haben, sind Sie schon einen guten Schritt vorangekommen. Hören Sie für heute auf und freuen sich auf die Übungen von morgen.

// 2. Tag

Beginnen Sie wieder mit WUV, dann ZISIZ.

Übernehmen Sie die l-Übung vom 1. Tag.

Sprechen Sie nun folgende Konsonantenübung dreimal laut und deutlich:

gsk
gskt
gsktd
gsktdl
gsktdln
gsktdlnr

Sprechen Sie diese Übung mit -g- dreimal laut und deutlich:

gadalo
gadalu
gadala
gadale
gadali

Sprechen Sie folgende Übung mit -j- dreimal laut und deutlich:

jawalajo
jawalaju
jawalaja
jawalaje
jawalaji

Sprechen Sie diese Übung mit -j- dreimal laut und deutlich:

jakanalaro
jakanalaru
jakanalara
jakanalare
jakanalari

Sprechen Sie folgende Übung zum Haushalten der Luft dreimal laut und deutlich:

lalalala lalalala lalalala lalalala
(siehe auch Seite <)

Sprechen Sie folgende Übung mit -w- dreimal laut und deutlich:

walala-walalo
walala-walalu
walala-walala
walala-walale
walala-walali

Sprechen Sie folgende Konsonantenübung dreimal laut und deutlich:

f w p b m t d l n r

Sprechen Sie nun diese Konsonantenübung dreimal laut und deutlich:

w f t d l n r p b m k g j

Sprechen Sie folgende Übung mit -s- dreimal laut und deutlich:

salalalala-salalalalo
salalalala-salalalalu
salalalala-salalalala
salalalala-salalalale
salalalala-salalalali

Sprechen Sie folgende Übung mit -z- dreimal laut und deutlich:

zalalazalalo
zalalazalalu
zalalazalala
zalalazalale
zalalazalali

Sprechen Sie jetzt die Texte von Seite 086 bis 092 (baten bis p und b bis Bach).
Die heutigen Übungen waren schon etwas anspruchsvoller.
Bleiben Sie dran. Es lohnt sich.

//3. Tag

Beginnen Sie wieder mit WUV, dann ZISIZ.
Die l-Übung vom 1. Tag wiederholen.
Sprechen Sie folgende Übung mit -p- dreimal laut und deutlich:

pralala-pralalo
pralala-pralalu
pralala-pralala
pralala-pralale
pralala-pralali

pnalala-pnalalo
pnalala-pnalalu
pnalala-pnalala
pnalala-pnalale
pnalala-pnalali

Sprechen Sie die Übung mit -pr- dreimal laut und deutlich:

lapradalo
lapradalu
lapradala
lapradale
lapradali

Sprechen Sie die Übung mit -b- dreimal laut und deutlich:

bepralo-pralabo
bepralo-pralabu
bepralo-pralaba
bepralo-pralabe
bepralo-pralabi

Sprechen Sie folgende Konsonantenübung dreimal laut und deutlich:

p b m k g j t d l n r

Sprechen Sie folgende Konsonantenübung in Frageform dreimal laut und deutlich:

r k g j f w t d l n r p b m ?

Sprechen Sie nun diese Kombinationsübung dreimal laut und deutlich:

t-p-k	**g-d-m**	**j-l-b**	**r-k-p**	**n-j-p**
p-t-k	**m-g-d**	**b-j-l**	**p-r-k**	**p-n-j**
k-p-t	**d-m-g**	**l-b-j**	**k-p-r**	**j-p-n**

Sprechen Sie folgende Übung mit h (Hauchlaut) dreimal laut und deutlich:

hadralo
hadralu
hadrala
hadrale
hadrali

Sprechen Sie nun die Texte von Seite 092 bis 097 (f und w von Weine bis ausstreuen).

In den nun folgenden Tagen wiederholen Sie bitte die Übungsfolgen in dieser Reihenfolge: 4. Tag wie 1. Tag, 5. Tag wie 2., 6. Tag wie 3. etc. Dabei können Sie die einzelnen Übungen variieren, indem Sie ähnliche Beispiele aus dem Anhang einsetzen. Entscheidend ist, dass Sie alle Übungen des Buches mindestens einmal machen, um so Ihre Stärken und Schwächen zu erkennen. So lernen Sie Ihre eigene »Speisekarte« kennen und können sich Ihr Menü selbst zusammenstellen.

Wo bleibt meine Stimme?

»Man muss versuchen, bis zum Äußersten ins Innerste zu gehen. Der Feind des Menschen ist die Oberfläche.«
Samuel Beckett

//Die Artikulation geschieht im Mundraum, nicht in der Kehle

► Fahren Sie im Sinne Becketts fort, sich besser kennen zu lernen und dadurch zu verbessern. Das Thema Stimme lässt keine Oberflächlichkeiten zu. Aber entspannen Sie sich dabei. Der Erfolg kommt stetig, nicht auf einmal!

»Man muss die Zeit als Werkzeug benutzen, nicht als Couch.«
John F. Kennedy

Oder anders formuliert – für die Tulpen, die im Herbst nicht gesteckt wurden, kommt nicht der Frühling, in dem Sie blühen. Also, bleiben Sie dran!

Ihre Stimme kam bis dato kaum zum Einsatz. Das wird sich jetzt ändern, denn Sie sind jetzt entsprechend vorbereitet. Ihre am Sprechen beteiligten Muskeln sind in Form gebracht.

Stellen Sie sich vor, wir hätten sofort mit Sprechübungen begonnen (wie das so oft geschieht). Beim Üben eines Konsonanten wie ch (Woche, Buche, Macht, lachen) hätte eine zu enge Kehle automatisch eine Reibung verursacht welche, bei weiterer verkehrter Beanspruchung zu Heiserkeit und Schlimmerem geführt hätte.

Diese Heiserkeit würde zwar, mit Schonung der Stimme, wieder verschwinden. Sobald Sie als Redner die Stimme allerdings wieder gebraucht hätten, wäre das Problem zurückgekommen. Denn die Ursache wurde, wie so oft, nicht beseitigt.

Warum sind auch heute noch hoch dotierte Bundesliga-Trainer nach einem Spiel heiser? – Weil Sie nicht wissen, wie man brüllt (manchmal muss es eben sein) ohne heiser zu werden.

Kleine Veränderungen in der Sprechweise können das Leben so viel angenehmer machen. Das gilt für den Fussballtrainer genauso wie für Lehrer und Lehrerinnen und alle, die ihre Stimme täglich brauchen.

Für viele Menschen wäre die Umstellung der Sprechweise gleichbedeutend mit der Erlösung von mancherlei Leid und Sorgen.

»Das Gras kann ohne Stütze gedeihen, der Weinstock nicht.«
Hans Carossa

Die Artikulation von Vokalen

//Alle Vokale werden vorn im Mund, am harten Gaumen, gebildet

► Schauen Sie in den Spiegel. Liegt Ihre Zunge flach im Unterkiefer? Gut.

Für die Übungen muss vor allem die Zungenspitze beweglich sein. Legen Sie die Zungenspitze hinter die oberen Schneidezähne. Sie sehen das kleine »Bändchen«, an dem Ihre Zunge befestigt ist. Wir brauchen für die folgenden Artikulationsübungen nur dieses kleine Stück Zungenspitze. Mit unbeweglichem Unterkiefer (vielleicht legen Sie anfänglich Ihre Hand an den Unterkiefer) artikulieren Sie d, l, n, r, t. Dies geschieht lediglich dadurch, dass Sie die

Zungenspitze an den harten Gaumen, hinter die oberen Schneideezähne, bringen.

//Wir beginnen mit dem a

Sie können Ihren Sprechtakt selbst bestimmen oder Sie benutzen einen »Taktgeber«, ein Metronom. Dieses stellen Sie für folgende Übungen auf 92.

Sagen Sie hintereinander, etwa eine Minute lang, la-la-la-la-la, ohne die las miteinander zu verbinden. Jedes la soll betont werden. (Dreimal eine Minute genügt für den Anfang.)

Sie merken schnell, welch vorzügliches Training das für Ihren Zungenmuskel ist. Nun sprechen Sie die las in Fünfer-Gruppen, wobei nur das erste la betont wird:

lalalalala – lalalalala – lalalalala
(max. fünf Minuten, dreimal pro Tag)

»Schauen und Warten ist das Verhalten,
das dem Schönen angemessen ist.«
Simone Weill

Während Sie weiter trainieren, schauen und warten Sie auf Ihre »neue« Stimme. Nicht ungeduldig werden! Das Schöne kommt.

//Nun folgt das e

Gleicher Ablauf wie oben mit la, jetzt mit le:

lelelelele
lelelelele
lelelelele

Als dritten Teil dieser Übung verbinden wir die la- und die le-Übung miteinander.

la-le-la-le-la-le
la-le-la-le-la-le
la-le-la-le-la-le

Hierauf folgt als kleine Abwandlung die Übungsfolge lala-lale-lala-lale-lala-lale, mit einer wippenden Bewegung, die ausgleichend wirkt:

lala-lale-lala-lale-lala-lale
lala-lale-lala-lale-lala-lale
lala-lale-lala-lale-lala-lale

//Der Vokal i

Das i ist insofern schwierig zu bilden, als sich die Zunge beim Phonieren dicht am Gaumen befindet. Klingen soll es an der gleichen Stelle wie das a, nämlich vorn im Mund, hinter den oberen Schneidezähnen am harten Gaumen. Üben Sie das i nicht allein, sondern verbunden mit dem a.

Lali-lali-lali-lali-lali-lali ...

//Die Vokale o und ü

Bei der Bildung der Vokale o und ü ist Ihr Mund in einer runden Stellung, die Zähne stehen etwa fingerbreit auseinander.

Lo-lo-lo-lo-lo-lo-lo ...

Lü-lü-lü-lü-lü-lü-lü ...

Hören Sie sich selbst genau zu! Ihre Vokale sollen rein und klar hinter den oberen Schneidezähnen erklingen. (Sie üben mit dem ü und nicht mit dem Grundvokal u, weil das ü schöner klingt. Versuchen Sie es einmal mit dem u, dann werden Sie merken, was ich meine.)

//Die Stimme ist das Fundament für jedes erfolgreiche Gespräch

Bei allen nun folgenden Übungen finden Sie alternative Übungsbeispiele im Anhang (siehe Seite 106 ff.). Bitte variieren Sie immer wieder, damit Sie Spaß beim Üben behalten.

//Übungsfolge mit l

Der Mund ist vor dem Sprechen bereits geöffnet.

lalo
lalu
lala
lale
lali

//Das t

Bilden Sie mit unbeweglichem Unterkiefer einmal ein l und dann ein t. Richtig, das t ist schwieriger zu bilden als das l. Deshalb wollen wir dem t nun besondere Aufmerksamkeit schenken. Dabei ist es wichtig, beim Bilden von t mit der Zungenspitze immer wieder aus dem Unterkiefer zu kommen, anstatt sie einfach gegen den harten Gaumen zu legen. Denken Sie daran: Wenn der Unterkiefer nicht so will wie Sie, dann fixieren Sie ihn mit Ihrer Hand.

Nach einigen Minuten Übung artikulieren Sie das t genauso leicht wie das l.

lato
latu
lata
late
lati

//Erst eine wohlklingende Stimme bringt Ihre rhetorischen Fähigkeiten auf den Punkt: Übungen mit d

Wichtig! Ihre Zungenspitze leistet hierbei die Hauptarbeit. Der Unterkiefer ist unbeweglich, aber nicht fest. Lockern Sie ihn einmal, indem Sie mit den Daumenballen kräftig über den Unterkieferknochen vom Gelenk her nach unten streichen. Wiederholen Sie das bitte fünfmal. Dabei soll der Unterkiefer schwer und entspannt werden. Die Lippenstellung verändert sich lediglich aufgrund der Vokale. Die Zähne sind fingerbreit geöffnet. Der Mund selbst ist während der gesamten Übung offen.

dalalo
dalalu
dalala
dalale
dalali

Sprechen Sie folgende Übung zur Steigerung dreimal laut und deutlich: Sie beginnen mit dalalo ...

dalalo - dalalu
dalalo - dalalu - dalala
dalalo - dalalu - dalala - dalale
dalalo - dalalu - dalala - dalale - dalali

//Übung mit n

Das n wird wie d, l und t dadurch gebildet, dass die Zungenspitze zum harten Gaumen geht. Der Unterkiefer bleibt unbeweglich. (Stellen Sie Ihr Metronom auf 92.)

nalalo
nalalu
nalala
nalale
nalali

//Übung mit d, n, t

datano
datanu
datana
datane
datani

nalado
naladu
nalada
nalade
naladi

natalo
natalu
natala
natale
natali

tanalo
tanalu
tanala
tanale
tanali

Diese Übungen machen Sie bitte jeweils 7-mal nacheinander. Zeichnen Sie die Übung hin und wieder einmal auf Kassettenrekorder auf und kontrollieren Sie sich. (Die Tonhöhe bleibt gleich.)

//Übung mit r

ralalo
ralalu
ralala
ralale
ralali

Die Artikulation von Konsonanten

//Ihre Stimme bestimmt die Atmosphäre

► Das r, das mit der Zungenspitze oder dem Gaumen hinten gebildet wird, ist wichtig für eine klingende Stimme und Sprache. Die Vokale werden immer durch die Aussprache der Konsonanten beeinflusst!

Spricht man das r zu weit hinten im Hals, so wird auch der damit verbundene Vokal im Hals und nicht vorn am harten Gaumen, hinter den oberen Schneidezähnen, gebildet. Die Stimme verliert an Klang. Außerdem wird man bei längerem Sprechen heiser.

Die Zungenspitze und das Gaumensegel müssen je nach Bildungsort sozusagen vibrieren. Das vordere Zungen-r übt man am besten, indem man den Mund zum t und d formt. Diese beiden Laute werden auch mit der Zungenspitze gebildet.

//Mit einer klingenden Stimme gewinnen Sie Vertrauen

Achten Sie bei der folgenden Übung darauf, nicht das r direkt zu betonen, sondern den darauf folgenden Vokal.

Sprechen Sie die Übung mit d, l, n, r für einen gekräftigten Zungenmuskel dreimal laut und deutlich. Dabei wird der letzte Konsonant betont.

t d
t d l
t d l n
t d l n r

Sie finden auch hier weitere Übungen im Anhang (siehe Seite 106 ff.).

»Disziplin bedeutet, dass man Dinge tut, die keinen Spaß machen. Für alles, was man gern tut, braucht man keine Disziplin.«
Lilli Palmer

Ich glaube, für diese Übungen braucht man beides, Spaß und Disziplin.

//Übung mit tr

Sprechen Sie die Übung dreimal laut und deutlich:

latralo
latralu
latrala
latrale
latrali

//Übung mit dr

Sprechen Sie die Übung dreimal laut und deutlich:

dralo
dralu
drala
drale
drali

//Übung mit den Konsonanten g, j, k

Die Laute g, j und k werden dadurch gebildet, dass die gewölbte Zunge gegen den harten Gaumen stößt. Den weichen Gaumen entdecken Sie, wenn Sie mit der Zungenspitze am Gaumengewölbe so weit nach hinten fahren, bis es weich wird. Wichtig ist: Jede Artikulation sollte im Bereich des harten Gaumens sein!

Meistens wird das k am weichen Gaumen gebildet und somit zu weit hinten. Der Rachen wird durch die zu weit hinten liegende Zunge verschlossen, die Stimme dadurch eingeengt.

Denken Sie bitte immer daran: Die Konsonanten dienen zum Anschlag der Vokale!

Da alle Vokale vorn im Mund, am harten Gaumen, gebildet werden, darf auch kein Konsonant hinten im Mund gebildet werden. Wie bei der Artikulation des j legen Sie Ihre Zungenspitze an die unteren Frontzähne und die gewölbte Zunge an den harten Gaumen.

Sprechen Sie die Übung mit k dreimal laut und deutlich:

kalalo
kalalu
kalala
kalale
kalali

Sprechen Sie die Übung mit kl dreimal laut und deutlich:

klalalo-laklalo
klalalu-laklalu
klalala-laklala
klalale-laklale
klalali-laklali

Sprechen Sie folgende Übung dreimal laut und deutlich (Variationsmöglichkeiten mit d, dr, t, tr, r):

kladalo
kladalu
kladala
kladale
kladali

Sprechen Sie diese Übung dreimal laut und deutlich (Variationen mit kl, kn, kr in der Mitte):

daklalo
daklalu
daklala
daklale
daklali

Training der Zungenspitze und -mitte

//Mit einer geübten Stimme finden Sie den richtigen Ton

► Sprechen Sie folgende Konsonantenübung zum Training der Zungenspitze und -mitte dreimal laut und deutlich. Der Unterkiefer bleibt unbeweglich.

s k
s k t
s k t d
s k t d l
s k t d l n
s k t d l n r

g s k
g s k t
g s k t d
g s k t d l
g s k t d l n
g s k t d l n r

g s k j
g s k j t
g s k j t d
g s k j t d l
g s k j t d l n
g s k j t d l n r

»Natürlich zu sein, ist die allerschwierigste Pose, die man einnehmen kann.«
Oscar Wilde

Benutzen Sie Ihren Kassettenrekorder und Spiegel einmal wieder!

//Übung mit g

Sprechen Sie die Übung dreimal laut und deutlich:

galalo
galalu
galala
galale
galali

»Es ist gleichgültig, auf wie vielen Gebieten du schwach bist.
Es genügt, wenn du vollkommen stark auf einem bist.«
Paul La Cour

Mit dem Wecken der natürlichen und klingenden Stimme blüht die gesamte Persönlichkeit auf.

//Übung mit ge-

Sprechen Sie folgende Übung mit ge- im Anlaut dreimal laut und deutlich. Das ge- als Vorsilbe, wie bei gegessen, getragen, gelaufen, muss deutlich sein, darf aber nicht betont werden:

gekalo
gekalu
gekala
gekale
gekali

//Stimme vermittelt Kompetenz: Übung mit j

Sprechen Sie diese Übung mit j dreimal laut und deutlich:

jawalajo
jawalaju
jawalaja
jawalaje
jawalaji

//Stimme und Charakter sind untrennbar: Übung mit ch

Sagen Sie einmal ach und spüren Sie, wo das ach klingt. Es klingt fast immer hinten in der Kehle. Aber auch das so genannte hintere ch soll vorn im Mund ... Sie wissen schon!

Wenden Sie hier zum Üben einen kleinen Trick an: Kommt das ch am Ende eines Wortes, dann sprechen Sie es getrennt, z. B. A...ch. Bei mehrsilbigen Wörtern nehmen Sie es als Anfang der nächsten Silbe, z. B. la...chten.

Ach	sprich	**A...ch**
Koch		**Ko...ch**
Fach		**Fa...ch**
Dach		**Da...ch**
brachten		**bra...chten**
lachten		**la...chten**
achtzig		**a...chtzig**
wachten		**wa...chten**

So gelingt es auf Anhieb, das ch vorn im Mund zu sprechen. Die Natürlichkeit beim Bilden dieses Lautes stellt sich mit dem Üben ein.

Ma...cht
ma...chten
la...cht<
la...chten
Do...cht
ko...chten
Su...cht
su...chten
Fru...cht
da...chten
Scha...cht
Fra...cht
bra...chten
Schlu...cht

//Übung mit ng

Das ng wird wegen des n häufig zu nasal ausgesprochen, d. h., der Ton entweicht durch die Nasenhöhle. Diese beiden Buchstaben dürfen nicht einzeln, sondern sollen wie ein Konsonant gesprochen werden, und zwar mit dem gewölbten Teil der Zunge und der Zungenspitze. Der Mund bleibt dabei weit offen, die Zähne berühren sich nicht, der Unterkiefer ist unbeweglich. Nur die Zunge artikuliert, während die verbundenen Konsonanten vorn im Mund, hinter den oberen Frontzähnen, hell erklingen.

la...nge
ba...nge
si...ngen
dri...ngen
kli...ngen
fa...ngen
pra...ngen

spre...ngen
Sta...nge
Schla...nge
Klä...nge
Stre...nge
Kli...nge
Di...nge
Fi...nger
Ri...nge

Hier eine weitere Übung mit ng:

la...ngelalo
la...ngelalu
la...ngelala
la...ngelale
la...ngelali

//Übung mit s

Sprechen Sie die folgende Übung mit s als Zischlaut in Verbindung mit anderen Konsonanten dreimal laut und deutlich:

stralalalalo
stralalalalu
stralalalala
stralalalale
stralalalali

Wie groß ist mein Luftspeicher?

»Morgen für Morgen kommt man zur Welt.«
Eugène Ionesco

Training zum Haushalten mit der Luft

► Sprechen Sie folgende Übung dreimal laut und deutlich (während der Übung nicht einatmen):

lalalalalalala
lalalalalalalala
lalalalalalalalala
lalalalalalalalalala
lalalalalalalalaala
lalalalalalalalalalala
lalalalalalalalalalalala
lalalalalalalalalalalalala
lalalalalalalalalalalalalala
lalalalalalalalalalalalalalala
lalalalalalalalalalalalalalalala

Wenn Sie in der Lage sind, die längste Sequenz in einem Atemzug zu sprechen, dann üben Sie nur noch mit dieser.

//Übung mit f und den fünf Vokalen

Sprechen Sie die Übung mit f und den Vokalen dreimal laut und deutlich. (Weitere Übungen finden Sie im Anhang, auf Seite 116):

fa la **fa la**
fa la la **fa la la**
fa la la la **fa la la la**
fa la la la la **fa la la la la**

//Übung mit dem Konsonanten w

Sprechen Sie die Übung mit dem Konsonanten w dreimal laut und deutlich. Lassen Sie das w lange vorklingen, bevor Sie den folgenden Vokal bilden:

wwwalalo
wwwalalu
wwwalala
wwwalale
wwwalali

Achten Sie bei den nächsten Übungen darauf, die letzten beiden Silben zu betonen. Artikulieren Sie bei unbeweglichem Unterkiefer nur mit der Zungenspitze.

walalo
walalu
walala
walale
walali

//Übung mit Konsonanten

»Der Körper ist der Übersetzer der Seele ins Sichtbare.«
Christian Morgenstern

Sprechen Sie folgende Übung dreimal laut und deutlich. Dabei artikulieren Sie jeden Konsonanten so sauber und deutlich, als gäbe es jeweils nur den einen. Und von Mal zu Mal werden Sie schneller und schneller!

f
f w
f w p
f w p b
f w p b m
f w p b m t
f w p b m t d
f w p b m t d l
f w p b m t d l n
f w p b m t d l n r

w
w f
w f t
w f t d
w f t d l
w f t d l n
w f t d l n r
w f t d l n r p
w f t d l n r p b
w f t d l n r p b m
w f t d l n r p b m k
w f t d l n r p b m k g
w f t d l n r p b m k g j

//Übung mit s

Sprechen Sie folgende Übungen dreimal laut und deutlich. Öffnen Sie dabei den Mund weit, schaffen Sie dadurch Raum und sprechen Sie das s kurz, mit fast geschlossenen Zähnen. Dann öffnen Sie den Mund sofort wieder für die Artikulation des folgenden Vokals. Vokale klingen in Verbindung mit s oft nicht klar und hell, weil der Mund nach Bildung des s zu sehr geschlossen bleibt. Der Vokal kann in der Mundhöhle nicht klingen.

salalalalo	**salalalala-salalalalo**
salalalalu	**salalalala-salalalalu**
salalalala	**salalalala-salalalala**
salalalale	**salalalala-salalalale**
salalalali	**salalalala-salalalali**

Sprechen Sie folgende Übung mit s dreimal laut und deutlich. Weitere Varianten finden Sie im Anhang (Seite 114):

satalo
satalu
satala
satale
satali

Lispeln ade!

//Übung mit z

► Sprechen Sie die Übung mit z (ausgesprochen wie ts) dreimal laut und deutlich:

zalalo	**lazalo**	**zadalo**
zalalu	**lazalu**	**zadalu**
zalala	**lazala**	**zadala**
zalale	**lazale**	**zadale**
zalali	**lazali**	**zadali**

//Übung der vier Konsonantenarten

Sprechen Sie folgende Übung dreimal laut und deutlich: Artikulieren Sie mit

... der Zungenspitze: d - l - n - r - t

... mit der gewölbten Zunge: k - g - j

... mit den Zähnen: s - z

... mit der Unterlippe und den oberen Frontzähnen: f - v - w

Artikulieren Sie die Konsonanten in Form einer Frage.

f	w	s
f w	w f	s z
f w s	w f s	s z k
f w s z	w f s z	s z k g
		s z k g j

z	s z	z s
z s	s z t	z s t
z s k	s z t d	z s t d
z s k g	s z t d l	z s t d l
z s k g j	s z t d l n	z s t d l n
	s z t d l n r	z s t d l n r

f	w
f w	w f
f w t	w f t
f w t d	w f t d
f w t d l	w f t d l
f w t d l n	w f t d l n
f w t d l n r	w f t d l n r

Jetzt kommen die Lippen zum Einsatz

//Übungen mit p, b und m

► Konsonanten, die mit der Zunge artikuliert werden, sind nun richtig geübt, nicht wahr? Dann beginnen wir jetzt mit Übungen für die Konsonanten, die mit den Lippen artikuliert werden. Sie öffnen den Mund, als wollten Sie ein a sprechen. Dann schließen Sie Ihre

Lippen, obwohl Ihr Mund offen bleibt, die Zähne nähern sich nicht! Sie haben nun die fertige Mundstellung des a hinter den aufeinander liegenden Lippen. Wenn Sie nun üben, bleibt der Unterkiefer unbeweglich. Die Lippen und die Zunge artikulieren allein. Die Mundhöhle kann so wunderbar als Resonanzraum dienen. Üben Sie zuerst mit dem stummen e, das einem Plopplaut ähnelt. Sprechen Sie nun die folgende Übungen dreimal laut und deutlich:

pedalo	**petalo**	**pedralo**
pedalu	**petalu**	**pedralu**
pedala	**petala**	**pedrala**
pedale	**petale**	**pedrale**
pedali	**petali**	**pedrali**

//Erst Mund und Kehle öffnen, dann sprechen: Übung mit pr

Sprechen Sie folgende Übung dreimal laut und deutlich:

pralalo
pralalu
pralala
pralale
pralali

//Übung mit pn

Sprechen Sie folgende Übung dreimal laut und deutlich:

pnalalo	**pnalala-pnalalo**
pnalalu	**pnalala-pnalalu**
pnalala	**pnalala-pnalala**
pnalale	**pnalala-pnalale**
pnalali	**pnalala-pnalali**

//Übung mit d und l

Sprechen Sie folgende Übung dreimal laut und deutlich:

lapadalo	**padralo**
lapadalu	**padralu**
lapadala	**padrala**
lapadale	**padrale**
lapadali	**padrali**

//Übung mit l, p und t

Sprechen Sie folgende Übung dreimal laut und deutlich:

lalapadalo	**patalo**	**lapatalo**
lalapadalu	**patalu**	**lapatalu**
lalapadala	**patala**	**lapatala**
lalapadale	**patale**	**lapatale**
lalapadali	**patali**	**lapatali**

//Übung mit l, n, p und r

Sprechen Sie folgende Übung dreimal laut und deutlich. Ergänzungen finden Sie im Anhang:

lapanalo
lapanalu
lapanala
lapanale
lapanali

//Übung mit b in Verbindung mit l

Sprechen Sie folgende Übung dreimal laut und deutlich. Nur die markierten Silben werden betont.

mabalo
mabalu
mabala
mabale
mabali

//Was haben Sie mit Ihrer geschulten Stimme vor?

»Wenn jemand etwas gerne tut, so hat er fast immer etwas in der Sache, was die Sache nicht selbst ist.«
Georg Christoph Lichtenberg

Denken Sie daran: Wenn die Konsonanten zu schwach ausgesprochen werden, leidet der Luftaustausch darunter – der Ton hat keine Kraft! Werden die Konsonanten zu stark ausgesprochen, leidet der Klang des Vokals darunter. Klingen die Vokale zu klein, dann wird auch die Stimme klein. Lässt man die Vokale allerdings zu lang klingen, ähnelt die Stimme einer Singstimme. Besser verstanden wird man dadurch auch nicht.

//Übung mit b

Sprechen Sie folgende Übung mit dem Konsonanten b dreimal laut und deutlich. Weitere Übungen finden Sie im Anhang:

bo
bu
ba
be
bi

Der Takt macht die Musik

//Übung mit Konsonanten im Takt

► Stellen Sie das Metronom auf 100 – auf jeden Takt sprechen Sie einen Konsonanten. Artikulieren Sie die Konsonanten wieder in Frageform. Jede Zeile in einem Atem sprechen – der erste und der letzte Konsonant werden betont.

p b
p b m
p b m k
p b m k g
p b m k g j
p b m k g j t
p b m k g j t d
p b m k g j t d l
p b m k g j t d l n
p b m k g j t d l n r

t d
t d l
t d l n
t d l n r
t d l n r p
t d l n r p b
t d l n r p b m
t d l n r p b m k
t d l n r p b m k g
t d l n r p b m k g j

r
r k
r k g
r k g j
r k g j f
r k g j f w
r k g j f w t
r k g j f w t d
r k g j f w t d l
r k g j f w t d l n
r k g j f w t d l n r
r k g j f w t d l n r p
r k g j f w t d l n r p b
r k g j f w t d l n r p b m

//Wie ein Trommelschlag!

Wo klingt Ihre Stimme – wo soll sie klingen? Die Fläche, auf der die Stimme erklingt, ist relativ klein. Sie ist etwa so groß wie der Nagel Ihres Daumens. Dieser Punkt (ich nenne ihn so, weil er ja nicht viel größer ist), befindet sich hinter den oberen Frontzähnen am harten Gaumen. Die Stimme darf weder im ganzen Mund noch im Rachen noch in der Nasenhöhle mitklingen. Richten Sie Ihre Aufmerksamkeit ganz und gar auf das Hören der Vokale. Sitzt Ihre Stimme dann an eben dieser Stelle, am harten Gaumen, dann haben Sie Brillanz und Tragweite in der Stimme!

//Kombinationsübung

»Jedes hervorragende Werk ist zunächst unmöglich.«
Thomas Carlyle

Bei der nächsten Übung verbinden wir drei Arten der Phonation miteinander. Zunächst arbeitet die Zungenspitze, dann der mittlere Bereich der Zunge und bei der dritten müssen die Lippen ran.

Üben Sie die folgenden Konsonanten erst einmal in einem langsamen Tempo, sprechen Sie sich sozusagen ein. Danach stellen Sie das Metronom auf 116 und sprechen auf jeden Takt einen Konsonanten. Haben Sie eine Dreiergruppe gesprochen, dann warten Sie einen Takt lang, bevor die nächsten drei Konsonanten gesprochen werden. Sie üben also im Takt (oder einfach nach Gefühl):

t - p - k	**g - d - m**	**j - l - b**	**r - k - p**	**n - j - p**
p - t - k	**m - g - d**	**b - j - l**	**p - r - k**	**p - n - j**
k - p - t	**d - m - g**	**l - b - j**	**k - p - r**	**j - p - n**

//Das h – der Hauchlaut

Das h entsteht durch einen leisen Luftstrom vorn im Munde, also nicht schon im Hals! Stellen Sie sich den Luftstrom vor, der von den Stimmlippen (Stimmbändern) bis vorn in den Mund kommt. Dort erst, nämlich vorn, wird das h gebildet. Achten Sie darauf, dass Sie das h im Satz mit dem vorausgehenden Konsonanten verbinden.

Also nicht: im Hause, sondern: imHause.

das Herz	**dasHerz**
der Hauchlaut	**derHauchlaut**

Durch dieses »Ineinanderübergehen« wird Ihre Sprache fließend. Die Resonanz kann wunderbar angeregt werden und klingen. Sprechen ist nicht mehr anstrengend, sondern wohltuend. Sie sprechen ohne die Gefahr, stimmlich zu ermüden. Ihre Stimme klingt und klingt und klingt.

Denken Sie an Ihren offenen Hals und Ihre resonanzreiche Mundhöhle. Sie haben die richtige Mundstellung und Ihre Zunge liegt flach im Zungenbett. Ihre Stimme und Sprache entsteht vorn im Mund, oben am harten Gaumen.

//Übung mit h

Sprechen Sie die Übung mit dem Hauchlaut dreimal laut und deutlich:

halalo	**lahalo**	**lalaho**
halalu	**lahalu**	**lalahu**
halala	**lahala**	**lalaha**
halale	**lahale**	**lalahe**
halali	**lahali**	**lalahi**

Der Glottis-Schlag

► Die Berührung Ihrer beiden Stimmlippen (Stimmbänder), so als wenn sich zwei nebeneinander liegende Finger einer Hand kurz berühren, ist der so genannte Glottis-Schlag. Immer wenn ein allein stehender Vokal gebildet wird, ist dieses leichte und auch stärkere Aufsprengen der Stimmlippen die natürliche Folge.

//Bildung des Glottis-Schlages

Sie saugen die Luft mit leicht gespitztem Mund ein, halten sie kurz an und rufen dann »o!«. Dabei ist der Mund rund. Der Glottis-Schlag bildet sich automatisch. Am Anfang wahrscheinlich etwas härter, später aber ganz natürlich und ohne Anstrengung. Erst wenn Ihnen das o klar und hell gelingt, üben Sie das e mit etwas breiterer Mundstellung. Die Zunge liegt dabei gewölbt im Mund und die Zungenspitze fest an den unteren Frontzähnen. Gelingt Ihnen auch das e, dann üben Sie das a. Sie schlagen das a jedoch nicht direkt an, sondern gehen von der Mundstellung des o nahtlos zum a über.

Nun können Sie den Glottis-Schlag auch auf au – ei – eu üben.

»Wer ununterbrochen vorwärts marschiert,
steht die Hälfte seines Lebens auf einem Bein.«
Manfred Bieler

Halten Sie wieder einmal inne, sprechen Sie einen schönen Text auf Band, und vergleichen Sie diesen neuen Text, gesprochen mit Ihrer trainierten Stimme, mit der Aufnahme am Anfang des Unterrichts. Bitte genießen Sie es – und morgen geht es weiter!

//Vermeidung des Glottis-Schlages

Der besprochene Glottis-Schlag bewirkt, dass die Schwingungen der Stimmlippen während des Sprechens unterbrochen werden. Um fließend zu sprechen, ist es aber notwendig, die Schwingungen aufrechtzuerhalten. Deshalb sollten im Satz möglichst wenig Glottis-Schläge sein.

Wie geht das? Beginnt ein Wort mit einem Vokal, so verbindet man diesen mit dem vorausgehenden Konsonanten. Man schlägt den Vokal sozusagen mit dem Konsonanten an. Allerdings nicht wie in der französischen Sprache, wo der verbindende Konsonant betont wird.

Beispiel: Im Französischen heißt es ... nous étions – nousétions, im Deutschen hingegen: ... nicht immer – nichtimmer. Dabei liegt die Betonung auf dem i, aber der Absatz dazwischen wird eliminiert.

Dieses Verzichten auf den Glottis-Schlag während des Sprechens macht die Sprache weich und fließend. Man vermeidet somit harte Einsätze, die der Stimme schaden.

Wortübungen

► Sprechen Sie folgende Übung mit ovaler und runder Mundstellung je einmal laut und deutlich. Das Metronom steht dabei auf 100.

Diese Übungen können auch mit der sogenannten Korkenübung verbunden werden. Sie nehmen dabei einen Weinkorken wenige Millimeter in den Mund (wie eine Zigarre) und artikulieren trotz Korken gut verständlich. (Bitte nicht länger als 5 Minuten am Stück.)

baten – boten
sparen – Sporen
Wahl – Wohl
Stab – stob

Gras – groß
stahlen – gestohlen
Tran – Thron
befahlen – befohlen
baden – Boden
laben – loben
Wagen – Wogen
erhaben – erhoben
Saale – Sohle
Tat – Tod
Aar – Ohr
Rahm – Rom
Gnaden – Knoten
Kran – Krone

//Übung mit e und ö

Sprechen Sie folgende Übung je einmal laut und deutlich bei breiter und runder Mundstellung:

Meere – Möhre
hehlen – höhlen
Lehne – Löhne
Eden – öde
verheeren – verhören
tönen – dehnen
Sehne – Söhne
kehren – Chöre
nötig – ledig
beschweren – beschwören
redlich – rötlich
stehst – stößt
ehren – hören

//Übung mit ie und ü

Sprechen Sie folgende Übung je einmal laut und deutlich:

Briefe – prüfen
Tiere – Türe
Rübe – riebe
sieden – Süden
Ziege – Züge
dienen – Dünen
Gefühl – gefiel
Stiele – Stühle
schier – schürt
biegen – bücken
Hiebe – übe
befriedigen – begütern
vier – für
bübisch – diebisch
widerlich – brüderlich
schiele – Schüler
Tiger – Tücher
Krieger – Krüger

//Übung mit gedehntem o und u

Sprechen Sie folgende Übung je einmal laut und deutlich bei runder Mundstellung:

Buhle – Bohle
ruhen – rohen
hob – hub
Hof – Huf
lug – log
Hohn – Huhn

rosig – rußig
Truhe – drohe
ruht – rot
pflog – Pflug
schor – Schur
bog – Bug
zog – Zug
Schwur – schwor
Betrug – betrog
Spuren – sporen
stoben – Stuben
lugen – logen

//Übung mit äu, ei und eu

Sprechen Sie folgende Übung je einmal laut und deutlich bei runder und breiter Mundstellung:

Käufer – keifen
Räuber – reiben
Feuer – Feier
zeugen – zeigen
Eile – Eule
räumen – reimen
neun – nein
Mäuse – Meise
Säule – Seile
bereichern – beräuchern
bezeigen – bezeugen
Streit – streut
drängen – dreien
Geläute – Geleite
feuern – feiern
Scheunen – scheinen

//Übung mit i, e und ü

Sprechen Sie folgende Übung je einmal laut und deutlich:

Bitte – Bette – Bütte
Dicke – Tücke – Decke
Brillen – prellen – brüllen
Bündel – binden
ritten – retten – rütteln
Sünde – sind – sende
Sprüngen – springen – sprengen
müssen – missen – messen
Mitte – Mette – Mütter
gerecht – Gericht – Gerücht
Pflicht – flücht
verbinden – verbünden
nicken – recken – Rücken

//Übung mit a, ä und e

Sprechen Sie folgende Übung je einmal laut und deutlich bei ovaler und breiter Mundstellung:

glatten – glätten
Affen – äffen
alle – Elle
kennen – Kannen
Stengel – Stange
derben – darben
färben – Farben
Gäste – Gast
treffen – raffen
starben – sterben
rennen – rannen

Hand – Hände
Wand – Wände
stammen – stemmen
Dampf – dämpfen
Kampf – Kämpfer
Wellen – wallen
denken – danken
Angst – ängstigen
stand – stände

//Übungen mit p und b

Sprechen Sie folgende Übungen je einmal laut und deutlich. In der Umgangssprache werden diese Buchstaben oft verwechselt. Das **p** und **b** sollte allerdings sehr deutlich unterschieden werden.

prüfen – Briefe
platzen – blasen
Blätter – plätten
blöde – plötzlich
Blume – plumpsen
Pracht – brach – brechen
prahlen – braten
breit – Preis
pressen – Bretter
Brote – Probe
prunken – brummen
backen – packen
Paar – bar
Ballast – Palast
paart – Bart
Pein – Bein
Böcke – Packen
Polen – Bohlen

beste – Pest
bauschen – Pause
bohren – Poren
Packhaus – Backhaus – Bach

//Übungen mit f und w

Sprechen Sie folgende Übung einmal laut und deutlich:

Weine – feine
finden – winden
Feige – weiche
Wort – fort
wühlen – fühlen
fachen – wachen
fällen – Wellen
Falten – Walten
färben – werben
feil – weil
Fest – West
wiegen – Feigen
Fechter – Wächter
Feind – weint
Wille – Fülle
Waden – Faden
Weile – Feile
Welt – fällt
Feind – wund
fälschen – welschen – wischen
walken – Falken
wässern – Fässer
wenden – fänden
Felder – Wälder

//Übungen mit t und d

Sprechen Sie folgende Übung einmal laut und deutlich. Das »weiche« d muss vom »harten« t genau unterschieden werden. th wie t sprechen.

Tannen – dannen
Daube – Taube
Dach – Tag
Tücke – Dicke
Draht – trat
Tier – dir
drei – treu
Thron – drohen
Teich – Deich
Tritte – Dritte
Dorf – Torf
Drang – Dattel
Tadel – Traube – drauf
der – Teer
tragen – drängen
Dolde – tollte
Tränen – dröhnen
Donner – Tonne
dringen – trinken
Tropf – drob
treue – Dräuen
Drohnen – Throne
trüben – drüben

//Übungen mit s und z

Sprechen Sie folgende Übungen einmal laut und deutlich. Dabei wird z wie tss ausgesprochen.

zagen – sagen
sehn – zehn
Zucht – Sucht
zollen – sollen
zähe – sähe
Zahl – Saal
sauber – Zauber
Zeile – Seile
Siegel – Ziegel
Zone – Sohn
säumen – zäumen
zogen – sogen
sank – Zank
zausen – sausen
Sünde – zünden
seit – Zeit
Ziege – Siege
sollt – zollt
Zangen – sangen
Zähne – Sehne
sieh – zieh
Zaum – Saum
sinken – Zinken
Sinne – Zinne
Zelle – Seele

//Übung mit g und ch in der Wortmitte

Sprechen Sie folgende Übung einmal laut und deutlich:

Krieger – kriechen
Regen – Rechen
lagen – lachen
stiegen – Stiche
Reigen – reichen
prägen – brechen
fliegen – Flüche
Kragen – krachen
bogen – pochen
sagen – Sachen
hauchen – Auge
Berge – Lerche
Folge – solchen
legen – Löcher
möglich – höchlich
streichen – steigen
stacheln – schlagen
Hagel – Kachel
Stachel – Nagel
eigen – Eichen
Zwerge – Störche
Schwager – schwächer
riechen – rügen

//Übung mit k und g

Sprechen Sie folgende Übung einmal laut und deutlich:

Kabel – Gabel
gelber – Kälber
glauben – klauben
kleiden – gleiten
klimmen – glimmen
Grab – knapp
kriechen – Griechen
graus – kraus
Kunst – Gunst
Kissen – gießen
kalt – galt
begrenzte – bekränzte
Bekleidung – Begleitung
Grenze – Kränze
vergelten – erkälten
Gnade – Knabe
Gaumen – kaum
anglimmen – anklimmen
Küster – Gießer
Vergnügen – verkriechen
verkleben – vergeben

//Übung von Wörtern mit und ohne h

Sprechen Sie folgende Übung einmal laut und deutlich:

Haar – Aar
eben – heben
Ecke – Hecke

Hahn – Ahn
Ehre – Heere
ein – Hain
Heft – äfft
Alp – halb
heilen – eilen
Alte – halte
heiß – Eis
allen – Hallen
heißen – eisen
Elle – helle
Enkel – Henkel
er – Herr
hänge – engen
Eulen – heulen
Hauch – Aug
arm – Harm
ihr – hier
in – hin
Haus – aus

//Übung mit stimmlosem s vor stimmhaftem s oder vor sch

Sprechen Sie folgende Übung einmal laut und deutlich:

aussehen – lossagen – ausspähen – aussenden – ausscheiden – losschießen – aussäen – ausschauen – losschlagen – ausspannen – ausstehen – losschnallen – ausschreiben – aussingen – Ausstellung – losschrauben – losstürmen – ausspotten – aussenden – aussprechen – ausschnaufen – ausscheuern – aussehen – ausstrecken – aussöhnen – ausschelten – ausstreichen – ausstreuen

//Übung mit pfl

Sprechen Sie folgende Übung 7-mal laut und deutlich. Weitere Übungen finden Sie im Anhang.

pfalalo
pfalalu
pfalala
pfalale
pfalali

//Wörter mit pfl, pf und fl

Sprechen Sie folgende Übung einmal laut und deutlich. Der Unterschied zwischen pf und f muss klar zu hören sein.

Pfad – fad
fliegen – pflügen
Pflock – Flocken
fort – Pforte
Pfuhl – faul
Flaum – Pflaumen
Pfund – Fund
fahl – Pfahl
fand – Pfand
Pflicht – flicht
Fährte – Pferde
pflegen – Flegel

Der Gedanke formuliert, nicht die Wörter

// Die Sprache muss fließen!

► Sie müssen den Gedanken denken, nicht die Wörter, die ihn bilden. Es gibt wohl kaum etwas Schlimmeres als einen Redner, der besonders deutlich sprechen möchte und dadurch »überartikuliert«. Die Sprache wird dadurch förmlich erdrückt.

Selbst wenn die Konsonanten korrekt ausgesprochen werden, kann das passieren. Dann nämlich, wenn man Konsonanten und Vokale einfach aneinander hängt.

Klang und Fluss entstehen, wenn die Vokale sozusagen über den Konsonanten weiterklingen. Denn die Vokale sind der klingende Teil der Sprache, die Konsonanten deren Anschlag. Mit dem Klingenlassen der Vokale über die Konsonanten wird die Sprache klar und fließend, einfach schön.

Stimmhygiene

//Wie feucht darf die Luft sein?

► Im Bereich Ihres Kehlkopfes herrscht eine Luftfeuchtigkeit von etwa 98 Prozent! Das ist eine ganze Menge, insbesondere, wenn man daran denkt, dass die Luftfeuchtigkeit außen nur bei etwa 40 Prozent liegt. Wir produzieren täglich zwar etwa 1,5 bis 2 Liter Speichel, die natürliche Speichelproduktion reicht jedoch nicht aus, um einen einmal »trockenen« Kehlkopf zu befeuchten. Deshalb ist es sehr wichtig, zum einen genügend Wasser zu sich zu nehmen und zum anderen, die Luftfeuchtigkeit zu erhöhen. In einem Raum geht das wunderbar mit Pflanzen, einem Springbrunnen und/oder einem Luftbefeuchter.

Im Bereich Ihres Kehlkopfes herrscht eine Temperatur von etwa 35 °C. Außen, wenn nicht gerade Hochsommer ist, nur etwa 21 °C. Deshalb empfiehlt es sich, wegen der Befeuchtung und Erwärmung möglichst durch die Nase zu atmen.

Wenn Sie sprechen müssen, bereiten Sie Ihre Stimme langsam darauf vor. Summen und sprechen Sie sich langsam steigernd ein. Die »Psychologie der Stimme« lässt es nicht zu, stets mit höchster stimmlicher Belastung zu beginnen. So, wie sich ein Sportler aufwärmt, bevor er Höchstleistungen bringt, sollten auch Sie Ihre Stimme aufwärmen, sich sozusagen »einsprechen«.

Und denken Sie daran: Bis zu einem gewissen Punkt (den es herauszufinden gilt) nimmt mit wachsender Spannung bei der Stimmproduktion die Leistung zu. Bei zu viel Spannung kehrt sich dieser Prozess allerdings um.

Sprechen ist Klang, nicht Gemurmel.

Sprechen ist gezielt, nicht gestreut.

Sprechen ist klar, nicht diffus.

»Der König und die Glocke«

//Sprechen ist Stimme – Stimme ist Atmung – Atmung ist Leben!

► Ich möchte Ihnen zum Schluss noch diese kleine Geschichte erzählen:

Ein afrikanischer König hörte eines Tages die Geschichte einer Glocke. Seine Weisen erzählten ihm vom tief beeindruckenden Klang und der Schönheit dieser Glocke. Er erfuhr auch, dass sie überdimensional groß sei, ja, so groß wie ein Haus. Auf die Frage, wo er diese Glocke sehen und hören könne, wussten die Weisen jedoch keine Antwort. Der König gab ihnen daraufhin den Auftrag, diese Glocke zu finden. Man suchte alle großen Kirchen und Kathedralen auf, machte Reisen um die ganze Welt, aber fand die Glocke nicht.

Als der König die Hoffnung fast aufgegeben hatte, die Glocke zu finden, berichtete ihm ein reisender Kaufmann von der Geschichte einer Liebe, der großen Liebe zweier Menschen. Es war die Geschichte von einem Glockengießer und seiner Geliebten.

Der Glockengießer wusste, wie sehr seine Geliebte Glocken liebte, und wollte ihr die größte, schönste und klangvollste Glocke aller Zeiten formen und gießen. Dafür machte er einen Entwurf, den alle seine Kollegen für unmöglich hielten. Sie sagten, eine Glocke in diesen Ausmaßen sei niemals zu gießen.

Aber, was soll ich Ihnen sagen, er tat es und es gelang. Als die großen Kirchen jedoch von diesem Meisterwerk erfuhren, wollten sie diese Glocke unbedingt und um jeden Preis haben. Sein Hochzeitsgeschenk!

Niemals würde er diese Glocke, die er nur für seine geliebte Frau gemacht hatte, jemand anderem geben. Also versteckte er sie. Nur die beiden Liebenden wussten, wo die Glocke war.

Auf das Drängen des Königs und das Versprechen, niemals wieder über die Glocke zu sprechen, verriet ihm der reisende Kaufmann das vermeintliche Versteck. Der König machte sich sofort auf, die Glocke zu sehen. Nach einer mehrtägigen, anstrengenden Reise erreichte er den angegebenen Ort. Aber was war das? Alles, was er sah, war ein altes und unscheinbares Gebäude. Je näher er dem Gebäude kam, desto mehr sank seine Hoffnung auf Erfolg. Und je mehr seine Hoffnung auf Erfolg sank, desto höher stieg der Zorn in ihm.

Nun stand er mitten in diesem kleinen Gebäude, das einer privaten Anbetungsstätte glich. Alles, was hier an eine Glocke erinnerte, war eine kleine zierliche Glocke, eher ein Glöcklein, das von der hohen Decke herabhing.

»Das soll die Wunderglocke sein, von der man mir erzählt hat?«, schrie der König. »Diese Glocke hat bestenfalls die Größe des Klöppels der Glocke, die ich suche!«

So nahm er diese kleine Glocke in seine Hand und schleuderte sie beim Hinausgehen an die Wand. Gerade hatte er die Tür erreicht, da donnerte die kleine Glocke gegen die Wand. Ein Dröhnen erfüllte den ganzen Raum. Während sich der König die Ohren zuhielt, donnerte die kleine Glocke gegen die andere Seite des Gebäudes. Und es dröhnte wieder. Da schaute er nach oben und sah das UNGLAUBLICHE. Das ganze Gebäude war die gesuchte Glocke. Er war mittendrin!

Sie und ich tragen diese Glocke in uns. Eine Glocke von schönem und klarem Klang. Sie muss »nur« befreit werden.

Ich hoffe, mein Buch wird Ihnen dabei helfen.

Ihr Patric P. Kutscher

Trainingsprogramm

Zum Abschluss empfehle ich Ihnen ein Trainingsprogramm, das Sie fit halten wird:

- Stehen Sie gespannt wie eine Saite zwischen Himmel und Erde. Nehmen Sie Ihre natürliche Atmung wahr. Entspannen Sie!

- Gähnen Sie ausgiebig und strecken Sie sich. Bemerken Sie dabei, wie sich die Räume Ihrer Sprechwerkzeuge weiten. Der Rachen öffnet sich. (Wiederholen Sie die Übung 3- bis 5-mal.)

- »Schütteln Sie Ihr Gesicht aus.« Wenn Sie es richtig machen, hören Sie ein »schmatzendes« Geräusch. (Wiederholen Sie die Übung 3-mal 10 Sekunden lang.)

- Tasten Sie mit Ihrer Zunge Ihre Mundhöhle ab. Machen Sie dabei große kreisende Bewegungen. Berühren Sie mit Ihrer Zungenspitze jeden Ihrer Zähne, von außen und von innen. Fahren Sie mit Ihrer Zunge Ihren Lippenring entlang. Gehen Sie mit Ihrer Zungenspitze auf »12, 3, 6 und 9 Uhr«, Ihr Lippenring stellt das Zifferblatt dar.

- Lockern Sie Ihren Unterkiefer, indem Sie ihn mit Ihren beiden Daumenballen »weich« vom Jochbein bis zum Kinn massieren. (Wiederholen Sie die Übung 10- bis 12-mal.)

- Machen Sie die so genannte »Kutscher«-Schnute oder das Lippenflattern. Kinder machen dieses Geräusch, wenn sie den Motor eines Fahrzeuges imitieren. (Wiederholen Sie die Übung mit und ohne Ton einige Male)

- Öffnen Sie Ihren Rachen mit der »Ka-Übung«: Sagen Sie ka (relativ stimmlos) und atmen Sie dabei aus, dann sagen Sie ka und atmen dabei ein. (Wiederholen Sie die Übung 12-mal.)

- Machen Sie folgende Sprechübungen: Klinger mit Vokal. Verbinden Sie das m mit den Vokalen o, u, a, e, i: mo, mu, ma, me, mi. Lassen Sie zuerst das m hinter Ihren geschlossenen Lippen vibrieren, bis der Vokal mit dem Öffnen der Lippen erklingt. Üben Sie die verschiedenen Vokale einzeln mit kräftigem klingendem Ton: o, u, a, e, i. (Wiederholen Sie die Übung je 7-mal.)

- Machen Sie folgende Sprechübung – Konsonant »mit r« und Vokal, siehe Seite 107.

- Machen Sie folgende Sprechübung mit Konsonanten, siehe Seite 114.

- Trainieren Sie das Vokaldreieck:
  Sie beginnen mit einem klingenden m hinter den Lippen.
  Fügen Sie ab dem 4. Mal das o dazu (m o).
  Fügen Sie ab dem 7. Mal das a dazu (m o a).
  Fügen Sie ab dem 10. Mal das e dazu (m o a e).
  Fügen Sie ab dem 13. Mal das i dazu (m o a e i).
  Fügen Sie ab dem 16. Mal das ü dazu (m o a e i ü).
  Fügen Sie ab dem 19. Mal das u dazu (m o a e i ü u).
  Fügen Sie ab dem 21. Mal das o dazu (m o a e i ü u o).
  Sprechen Sie diesen Vokalverlauf jeweils in einem Atemzug, mit klingender und tragender Stimme.

Denken Sie daran, dass Ihre gesamte Stimme und Sprache vorn im Mund erklingen soll, hinter den oberen Frontzähnen, am harten Gaumen!

Und jetzt noch 5 Minuten mit dem Korken sprechen, siehe Seite 86.

Sollten Sie zusätzliche Erklärungen benötigen, haben Sie mit dem Erwerb dieses Buches die Möglichkeit, mich im Institut für Stimm- und Sprecherziehung anzurufen. Nur keine Scheu. »Stimme« ist für mich kein Achtstundentag, sondern Leben und Leidenschaft.

In diesem Buch oder auch im Internet-Workshop sind Sie eventuell immer wieder einmal an eine Stelle gekommen, die schwer verständlich oder vielleicht für Sie nicht ohne weiteres nachvollziehbar ist. Deshalb hier mein Angebot: Rufen Sie mich im Institut für Stimm- und Sprecherziehung an. Meine Telefonnummer lautet 0 62 51 / 13 88 44. Eine weitere Möglichkeit der Kontaktaufnahme ist mein Autorenbriefkasten auf der Homepage des GABAL Verlages unter www.book-at-web.de. Seien Sie gewiss, dass ich jede Mail so schnell als möglich beantworte.

Ich wünsche Ihnen viel Erfolg bei Ihrem Stimmtraining!

Ihr Patric P. Kutscher

//Übungsfolge lo bis li

lolo	lo
lulu	lolu
lala	lolula
lele	lolulale
lili	lolulaleli

//Das t

talo	tala-talo	talalo
talu	tala-talu	talalu
tala	tala-tala	talala
tale	tala-tale	talale
tali	tala-tali	talali

latalo	latala-latalo
latalu	latala-latalu
latala	latala-latala
latale	latala-latale
latali	latala-latali

//Übungen mit d

ladalo	lalado	datalo
ladalu	laladu	datalu
ladala	lalada	datala
ladale	lalade	datale
ladali	laladi	datali

tadalalo
tadalalu
tadalala
tadalale
tadalali

dalatalo
dalatalu
dalatala
dalatale
dalatali

latadalo
latadalu
latadala
latadale
latadali

latadalalo
latadalalu
latadalala
latadalale
latadalali

//Übungen mit n

nalala-nalalo
nalala-nalalu
nalala-nalala
nalala-nalale
nalala-nalali

lanalo
lanalu
lanala
lanale
lanali

lanala-lanalo
lanala-lanalu
lanala-lanala
lanala-lanale
lanala-lanali

nalalo
nalalu
nalala
nalale
nalali

nanala-nanalo
nanala-nanalu
nanala-nanala
nanala-nanale
nanala-nanali

//Übungen mit r

ralala-ralalo
ralala-ralalu
ralala-ralala
ralala-ralale
ralala-ralali

ratalo
ratalu
ratala
ratale
ratali

larala-laralo	ratala-ratalo	latara-lataro
larala-laralu	ratala-ratalu	latara-lataru
larala-larala	ratala-ratala	latara-latara
larala-larale	ratala-ratale	latara-latare
larala-larali	ratala-ratali	latara-latari

//Übung mit d, l, n, r, t für einen gekräftigten Zungenmuskel

(jeweils 7-mal wiederholen)

d t	l t	r t	n t
d t l	l t d	r t d	n t d
d t l n	l t d n	r t d l	n t d l
d t l n r	l t d n r	r t d l n	n t d l r

//Übungen mit tr

tralalo	lalatro	tralala-tralalo
tralalu	lalatru	tralala-tralalu
tralala	lalatra	tralala-tralala
tralale	lalatre	tralala-tralale
tralali	lalatri	tralala-tralali

natrano	ratralo	traralo
natranu	ratralu	traralu
natrana	ratrala	trarala
natrane	ratrale	trarale
natrani	ratrali	trarali

tradanalo	danalatro	dratralanalo
tradanalu	danalatru	dratralanalu
tradanala	danalatra	dratralanala
tradanale	danalatre	dratralanale
tradanali	danalatri	dratralanali

traratro	tradralo
traratru	tradralu
traratra	tradrala
traratre	tradrale
traratri	tradrali

//Übungen mit dr

dratalo	ladralo	taladro
dratalu	ladralu	taladru
dratala	ladrala	taladra
dratale	ladrale	taladre
dratali	ladrali	taladri

latadro	dranalo	nadralo
latadru	dranalu	nadralu
latadra	dranala	nadrala
latadre	dranale	nadrale
latadri	dranali	nadrali

//Übungen mit k

kanalo	katalo	kadalo
kanalu	katalu	kadalu
kanala	katala	kadala
kanale	katale	kadale
kanali	katali	kadali

kadralo	katralo	kadralalo
kadralu	katralu	kadralalu
kadrala	katrala	kadralala
kadrale	katrale	kadralale
kadrali	katrali	kadralali

katralalo	kadralolo	karalalo
katralalu	kadralulu	karalalu
katralala	kadralala	karalala
katralale	kadralele	karalale
katralali	kadralili	karalali

kanalalalo	kalalalo	kalalolo
kanalalalu	kalalalu	kalalulu
kanalalala	kalalala	kalalala
kanalalale	kalalale	kalalele
kanalalali	kalalali	kalalili

//Übungen mit kn, kr, kl

knalala-knalalo	knalala-knalalo
knalala-knalalu	knalala-knalalu
knalala-knalala	knalala-knalala
knalala-knalale	knalala-knalale
knalala-knalali	knalala-knalali

//Variationsmöglichkeiten mit dr, t, tr, r

kladralo	klatalo	klatralo
kladralu	klatalu	klatralu
kladrala	klatala	klatrala
kladrale	klatale	klatrale
kladrali	klatali	klatrali

klaralo	laklado	lakladro
klaralu	lakladu	lakladru
klarala	laklada	lakladra
klarale	laklade	lakladre
klarali	lakladi	lakladri

laklatro
laklatru
laklatra
laklatre
laklatri

//Variationsmöglichkeiten mit kl, kn, kr in der Mitte

draklalo	taklalo	traklalo
draklalu	taklalu	traklalu
draklala	taklala	traklala
draklale	taklale	traklale
draklali	taklali	traklali

raknalo	nakralo
raknalu	nakralu
raknala	nakrala
raknale	nakrale
raknali	nakrali

//Übungen mit g

lagalo	lalago	gadalo
lagalu	lalagu	gadalu
lagala	lalaga	gadala
lagale	lalage	gadale
lagali	lalagi	gadali

dagato	ladago	gadralo
dagatu	ladagu	gadralu
dagata	ladaga	gadrala
dagate	ladage	gadrale
dagati	ladagi	gadrali

dragalo
dragalu
dragala
dragale
dragali

tagalo
tagalu
tagala
tagale
tagali

gatralo
gatralu
gatrala
gatrale
gatrali

tragalo
tragalu
tragala
tragale
tragali

lagatro
lagatru
lagatra
lagatre
lagatri

ganalo
ganalu
ganala
ganale
ganali

//Übungen mit ge- im Anlaut

gelalo
gelalu
gelala
gelale
gelali

gedalo
gedalu
gedala
gedale
gedali

getalo
getalu
getala
getale
getali

gejalo
gejalu
gejala
gejale
gejali

gekralo
gekralu
gekrala
gekrale
gekrali

genalo
genalu
genala
genale
genali

gedralo
gedralu
gedrala
gedrale
gedrali

geralo
geralu
gerala
gerale
gerali

geknalo
geknalu
geknala
geknale
geknali

geklalo	geglalo	getralo
geklalu	geglalu	getralu
geklala	geglala	getrala
geklale	geglale	getrale
geklali	geglali	getrali

gegralo	gegnalo
gegralu	gegnalu
gegrala	gegnala
gegrale	gegnale
gegrali	gegnali

//Übungen mit j

jasolala	wajalalo	fajalalo
jasulala	wajalalu	fajalalu
jasalala	wajalala	fajalala
jaselala	wajalale	fajalale
jasilala	wajalali	fajalali

jasalajo	jazanalo	jatadalo
jasalaju	jazanalu	jatadalu
jasalaja	jazanala	jatadala
jasalaje	jazanale	jatadale
jasalaji	jazanali	jatadali

jatadalaro	jakanalaro
jatadalaru	jakanalaru
jatadalara	jakanalara
jatadalare	jakanalare
jatadalari	jakanalari

//Übungen mit ng

verla...ngendalo
verla...ngendalu
verla...ngendala
verla...ngendale
verla...ngendali

Di...ngenralo
Di...ngenralu
Di...ngenrala
Di...ngenrale
Di...ngenrali

Lu...ngentalo
Lu...ngentalu
Lu...ngentala
Lu...ngentale
Lu...ngentali

Ri...ngentralo
Ri...ngentralu
Ri...ngentrala
Ri...ngentrale
Ri...ngentrali

la...ngentalo
la...ngentalu
la...ngentala
la...ngentale
la...ngentali

//Übungen mit s als Zischlaut in Verbindung mit anderen Konsonanten

spalalalalo
spalalalalu
spalalalala
spalalalale
spalalalali

spralalalalo
spralalalalu
spralalalala
spralalalale
spralalalali

splalalalalo
splalalalalu
splalalalala
splalalalale
splalalalali

schmalalalalo
schmalalalalu
schmalalalala
schmalalalale
schmalalalali

stalalalalo
stalalalalu
stalalalala
stalalalale
stalalalali

stralalalalo
stralalalalu
stralalalala
stralalalale
stralalalali

schralalalalo
schralalalalu
schralalalala
schralalalale
schralalalali

schalalalalo
schalalalalu
schalalalala
schalalalale
schalalalali

//Übungen zum Haushalten der Luft

lelelelelelele
lelelelelelelele
lelelelelelelelele
lelelelelelelelelele
lelelelelelelelelelele
lelelelelelelelelelelele
lelelelelelelelelelelelele
lelelelelelelelelelelelelele
lelelelelelelelelelelelelelele
lelelelelelelelelelelelelelelele

lolololololololo
lololololololololo
lolololololololololo
lololololololololololo
lolololololololololololo
lololololololololololololo
lolololololololololololololo
lololololololololololololololo
lolololololololololololololololo
lololololololololololololololololo
lolololololololololololololololololo

//Übungen mit f und den fünf Vokalen

fa lo
fa lo lo
fa lo lo lo
fa lo lo lo lo
fa lo lo lo lo lo

fa lo
fa lo lo
fa lo lo lo
fa lo lo lo lo
fa lo lo lo lo lo

fa lu	**fa lu**
fa lu lu	**fa lu lu**
fa lu lu lu	**fa lu lu lu**
fa lu lu lu lu	**fa lu lu lu lu**
fa lu lu lu lu lu	**fa lu lu lu lu lu**

fa le	**fa le**
fa le le	**fa le le**
fa le le le	**fa le le le**
fa le le le le	**fa le le le le**
fa le le le le le	**fa le le le le le**

Variationen:

fa – lolo	**fa – lololo**	**fa – lolololo**
fa – lulu	**fa – lululu**	**fa – lulululu**
fa – lala	**fa – lalala**	**fa – lalalala**
fa – lele	**fa – lelele**	**fa – lelelele**
fa – lili	**fa – lilili**	**fa – lililili**

Und jetzt weiter im Normalsprechtonbereich. Machen Sie einfach einmal mmmhhh und beginnen Sie zu sprechen:

fa	**we**
fala	**wele**
falata	**welete**
falatada	**weletede**
falatadana	**weletedene**
falatadanara	**weletedenere**

//Übungen mit dem Konsonanten w

walala-walalo	wadalo	wadralo
walala-walalu	wadalu	wadralu
walala-walala	wadala	wadrala
walala-walale	wadale	wadrale
walala-walali	wadali	wadrali

watalo	watralo	waralo
watalu	watralu	waralu
watala	watrala	warala
watale	watrale	warale
watali	watrali	warali

wanalo
wanalu
wanala
wanale
wanali

Weitere Übungen:

wadalo	wadralo	watralo
wadalu	wadralu	watralu
wadala	wadrala	watrala
wadale	wadrale	watrale
wadali	wadrali	watrali

watalo	waralo	lawalo
watalu	waralu	lawalu
watala	warala	lawala
watale	warale	lawale
watali	warali	lawali

wanalo
wanalu
wanala
wanale
wanali

dawalo
dawalu
dawala
dawale
dawali

trawalo
trawalu
trawala
trawale
trawali

drawalo
drawalu
drawala
drawale
drawali

rawalo
rawalu
rawala
rawale
rawali

nawalo
nawalu
nawala
nawale
nawali

ladawaralo
ladawaralu
ladawarala
ladawarale
ladawarali

//Übungen mit s in Verbindung mit t, d, l, n, r, k, j

sadalo
sadalu
sadala
sadale
sadali

tasalo
tasalu
tasala
tasale
tasali

nasato
nasatu
nasata
nasate
nasati

rasalalo
rasalalu
rasalala
rasalale
rasalali

sakalo
sakalu
sakala
sakale
sakali

gasalo
gasalu
gasala
gasale
gasali

sajakalo
sajakalu
sajakala
sajakale
sajakali

frasanawo
frasanawu
frasanawa
frasanawe
frasanawi

sanatrasalo
sanatrasalu
sanatrasala
sanatrasale
sanatrasali

//Übungen mit z

talazo
talazu
talaza
talaze
talazi

razalo
razalu
razala
razale
razali

zadralo
zadralu
zadrala
zadrale
zadrali

trazalo
trazalu
trazala
trazale
trazali

zanalo
zanalu
zanala
zanale
zanali

zalalazalalo
zalalazalalu
zalalazalala
zalalazalale
zalalazalali

lazalazo
lazalalu
lazalala
lazalale
lazalali

//Übungen mit p

petralo
petralu
petrala
petrale
petrali

peralo
peralu
perala
perale
perali

penalo
penalu
penala
penale
penali

//Übungen mit pa

palalo	palala-palalo
palalu	palala-palalu
palala	palala-palala
palale	palala-palale
palali	palala-palali

//Übungen mit pr

pralala-pralalo	lapralo	laprala-lapralo
pralala-pralalu	lapralu	laprala-lapralu
pralala-pralala	laprala	laprala-laprala
pralala-pralale	laprale	laprala-laprale
pralala-pralali	laprali	laprala-laprali

//Übungen mit d und l

paralo	lapadralo
paralu	lapadralu
parala	lapadrala
parale	lapadrale
parali	lapadrali

//Übungen mit l, n, p, r

panalo	panalalo	lalapano
panalu	panalalu	lalapanu
panala	panalala	lalapana
panale	panalale	lalapane
panali	panalali	lalapani

ralapalo	la-pelo	laparalo
ralapalu	la-pelu	laparalu
ralapala	la-pela	laparala
ralapale	la-pele	laparale
ralapali	la-peli	laparali

//Übungen mit b, p, m in Verbindung mit l

malabalo	malabalo	bamalo
malabalu	malabalu	bamalu
malabala	malabala	bamala
malabale	malabale	bamale
malabali	malabali	bamali

balamo-lamalo	maplalo	maplalo-malaplo
balamu-lamalu	maplalu	maplalu-malaplu
balama-lamala	maplala	maplala-malapla
balame-lamale	maplale	maplale-malaple
balami-lamali	maplali	maplali-malapli

plabalo	bepralo pralabo	balalo
plabalu	bepralu pralabu	balalu
plabala	beprala pralaba	balala
plabale	beprale pralabe	balale
plabali	beprali pralabi	balali

lalabalalalo	balabo	balabo-labalo
lalabalalalu	balabu	balabu-labalu
lalabalalala	balaba	balaba-labala
lalabalalale	balabe	balabe-labale
lalabalalali	balabi	balabi-labali

//Übungen mit b, br und bl

bala balo
bala balu
bala bala
bala bale
bala bali

belalo balalo
belalu balalu
belala balala
belale balale
belali balali

brelalo
brelalu
brelala
brelale
brelali

blelalo
blelalu
blelala
blelale
blelali

//Übungen mit b, dr und tr

betalo
betalu
betala
betale
betali

benalalo
benalalu
benalala
benalale
benalali

benalalo-benalalo
benalalo-benalalu
benalalo-benalala
benalalo-benalale
benalalo-benalali

beralalo
beralalu
beralala
beralale
beralali

beralalo-beralalo
beralalo-beralalu
beralalo-beralala
beralalo-beralale
beralalo-beralali

bekalalo
bekalalu
bekalala
bekalale
bekalali

bekalalo-bekalalo
bekalalo-bekalalu
bekalalo-bekalala
bekalalo-bekalale
bekalalo-bekalali

bekralalo
bekralalu
bekralala
bekralale
bekralali

bekralalo-bekralalo
bekralalo-bekralalu
bekralalo-bekralala
bekralalo-bekralale
bekralalo-bekralali

bedalo	bedralo	betalo
bedalu	bedralu	betalu
bedala	bedrala	betala
bedale	bedrale	betale
bedali	bedrali	betali

betalalo	betralo	betralalo-betralalo
betalalu	betralu	betralalo-betralalu
betalala	betrala	betralalo-betralala
betalale	betrale	betralalo-betralale
betalali	betrali	betralalo-betralali

//Übungen mit h

rahalo	drahalo	trahalo
rahalu	drahalu	trahalu
rahala	drahala	trahala
rahale	drahale	trahale
rahali	drahali	trahali

kahalo	klahalo	krahalo
kahalu	klahalu	krahalu
kahala	klahala	krahala
kahale	klahale	krahale
kahali	klahali	krahali

gahalo	grahalo	gnahalo
gahalu	grahalu	gnahalu
gahala	grahala	gnahala
gahale	grahale	gnahale
gahali	grahali	gnahali

hadalo	hatalo	hanalo
hadalu	hatalu	hanalu
hadala	hatala	hanala
hadale	hatale	hanale
hadali	hatali	hanali

hadralo	haklalo	hatralo
hadralu	haklalu	hatralu
hadrala	haklala	hatrala
hadrale	haklale	hatrale
hadrali	haklali	hatrali

hakalo	haralo	haknalo
hakalu	haralu	haknalu
hakala	harala	haknala
hakale	harale	haknale
hakali	harali	haknali

hajalo	hagalo	hagralo
hajalu	hagalu	hagralu
hajala	hagala	hagrala
hajale	hagale	hagrale
hajali	hagali	hagrali

//Übungen mit pfl

pflalalo	lapfalo	lapflalo
pflalalu	lapfalu	lapflalu
pflalala	lapfala	lapflala
pflalale	lapfale	lapflale
pflalali	lapfali	lapflali

Charlotte Hagena, Christian Hagena: Konstitution und Bipolarität, Haug Verlag, Heidelberg 1993

Horst Coblenzer: Erfolgreich sprechen, ÖBV Pädagogischer Verlag GmbH, Wien 1994

A. Kuypers: Anleitung zur Stimmbildung, Kommissionsverlag der Vaterländischen Verlags- und Rundfunkanstalt, Berlin 1899

Kristin Linklater: Die persönliche Stimme entwickeln, Ernst Reinhardt Verlag, München 1997